westermann

ZEIT FÜR GESCHICHTE

Geschichts- und Erinnerungskultur

Niedersachsen
Qualifikationsphase

Autoren
Prof. Dr. Ulrich Baumgärtner
Dr. Jelko Peters
Dr. Wolfgang Piereth

Mit Beiträgen von
Christian Große Höötmann
Utz Klöppelt

Herausgeber der Reihe
Prof. Dr. Ulrich Baumgärtner

ZEIT FÜR
GESCHICHTE

Geschichts- und Erinnerungskultur

Niedersachsen
Qualifikationsphase

westermann GRUPPE

Druck A1 / Jahr 2021
Alle Drucke der Serie A sind im Unterricht parallel verwendbar.

Redaktion: Christoph Meyer
Druck und Bindung: Westermann Druck GmbH, Georg-Westermann-Allee 66, 38104 Braunschweig
ISBN 978-3-507-36878-1

INHALT

4 Geschichts- und Erinnerungskultur

4 ORIENTIERUNG: Geschichts- und Erinnerungskultur

6 Kernmodul: Geschichts- und Erinnerungskultur
9 Kernmodul: Mythen, Stereotype und Feinbilder

12 Pflichtmodul: Nationale Gedenk- und Feiertage in verschiedenen Ländern

12 ORIENTIERUNG: Nationale Gedenk- und Feiertage in verschiedenen Ländern
16 TRAINING: Analyse von Gedenktagen
17 4. Juli – Unabhängigkeitstag in den USA
20 Der 3. Mai in Polen – Tag der Verfassung
23 11. August – Verfassungstag der Weimarer Republik
25 Der 9. November in Deutschland
28 3. Oktober – Tag der Deutschen Einheit
35 TRAINING: Einen historischen Gedenktag gestalten

36 Wahlmodul: Mythos Hermannsschlacht

36 ORIENTIERUNG: Mythos Hermannsschlacht
38 Die Hermannsschlacht – Ursprungsmythos der Deutschen

48 Bildnachweis

M1 *Gedenkstunde für die Opfer des Nationalsozialismus im Deutschen Bundestag*

Bundestagspräsident Nobert Lammert spricht am 27. Januar 2009 im Deutschen Bundestag. Das Parlament gedachte der Befreiung der Überlebenden des Konzentrationslagers Auschwitz, der ermordeten Juden und aller Opfer des Nationalsozialismus. Am 27. Januar 1945 hatte die Rote Armee die Überlebenden des Konzentrationslagers Auschwitz befreit.

M2 *Erinnerung an den Waffenstillstand im Ersten Weltkrieg*

Studierende bei der Zeremonie zum 91. Waffenstillstandstag in Paris, 11. November 2009.

Geschichts- und Erinnerungskultur

„Geschichte" kann vieles sein: Ereignisse in der Vergangenheit, die Erzählungen darüber oder auch nur unsere Vorstellungen davon. Da wir das vergangene Geschehen aber niemals direkt erfassen können, ist „Geschichte" immer nur eine mithilfe von Quellen vorgenommene Konstruktion. Die kritische Interpretation der überlieferten Zeugnisse bildet dabei die Grundlage unseres historischen Wissens. Jede Zeit entscheidet immer wieder aufs Neue, welche Ausschnitte aus der Vergangenheit für sie bedeutsam sind oder auch neu gedeutet werden. Veränderungen in der Gegenwart wirken sich somit auch immer auf den Blick auf die Vergangenheit und die historische Erinnerung aus.

Historische Erinnerung gibt Orientierung. Sie ermöglicht den Blick auf zurückliegende Epochen und somit auch auf das Werden heutiger Gesellschaften. Sie kann einen Erfahrungsschatz erschließen, der das (politische) Handeln beeinflusst, auch wenn sich konkrete Situationen nie exakt wiederholen und somit eine Handlung nie dieselben Konsequenzen haben kann wie in der Vergangenheit. Zudem trägt die historische Erinnerung zur Identitätsbildung bei: Sie hilft, sich seiner Herkunft und Zugehörigkeit zu einer Gemeinschaft bewusst zu werden.

Geschichte tritt uns nahezu überall entgegen und fordert uns zur – mehr oder weniger bewussten – Auseinandersetzung heraus. Die Begegnung mit der Geschichte vollzieht sich für Lernende also nicht nur im Geschichtsunterricht: Durch Gedenk- und Feiertage, Erinnerungsorte, Museen, Denkmäler, Fernseh- und Filmproduktionen, öffentliche Kontroversen um Deutungen von Geschichte, Geschichtsbilder im kollektiven Bewusstsein einzelner Gruppen oder Nationen und durch vieles andere mehr ist die Geschichts- und Erinnerungskultur ein wesentlicher Bestandteil des gesellschaftlichen Lebens.

Über die Auseinandersetzung mit Beispielen gegenwärtiger oder bereits zurückliegender Geschichtskultur besteht die Möglichkeit, den Konstruktcharakter der verschiedenen Formen der Erinnerung zu begreifen, die Erinnerungsformen in ihren Funktionen zu bewerten sowie Geschichte in komplexen Formen darzustellen.

Leitfragen

- **Welche Deutungen enthalten die zu untersuchenden Geschichtsdarstellungen? Wie sind die darin enthaltenen Konstruktionen zu bewerten?**
- **Wie wird der Umgang mit Geschichte sowie den damit verbundenen spezifischen Formen der Erinnerung gestaltet? Wie lassen sich die Intentionen solcher Rekonstruktionsprozesse bewerten?**
- **Was bedeutet das Postulat der Wahrheitsfähigkeit von Geschichte? Wie lässt sich die (Deutungs-)Offenheit historischer Prozesse zu beurteilen?**

Kernmodul: Geschichts- und Erinnerungskultur

Erinnerung im Alltag

Jeder Mensch lebt mit seinen Erinnerungen – er denkt an seine Kindheit zurück, freut sich über schöne Erlebnisse und trauert über Verluste. Auf diese Weise macht er sich ein Bild seiner eigenen Lebensgeschichte und empfindet sein Leben als geglückt oder gescheitert. Private Erinnerungen werden in aller Regel mündlich weitergegeben, im Familien-, Freundes- und Bekanntenkreis erzählt. Ein bis zwei Generationen nach dem Tod eines Menschen verlieren sich die auf diese Weise übermittelten Informationen jedoch meist wieder. Eine solche mündliche Weitergabe von erinnerten Erlebnissen wird als „kommunikatives Gedächtnis" bezeichnet.

Persönliche Erinnerungen sind aber nicht immer nur persönlich; Millionen von Menschen haben beispielsweise die Erfahrung des Zweiten Weltkrieges miteinander geteilt. Die einzelnen Erlebnisse dabei waren zwar individuell, gleichwohl gibt es vielfältige Überschneidungen und Ähnlichkeiten. In einem solchen Fall, in dem Erinnerungen von einer größeren Gruppe oder sogar von einer ganzen Gesellschaft geteilt werden, spricht man von einem „kollektiven Gedächtnis".

M3 ***Erinnerungskultur***
Neu konzipierte Ausstellung „Verbrechen der Wehrmacht. Dimensionen des Vernichtungskrieges 1941–1944", Hamburg, 2004

Als „kulturelles Gedächtnis" bezeichnet man Erinnerungen, die über die individuellen Erinnerungen der Zeitzeugen und ihrer Nachkommen hinaus dauerhaft bewahrt werden. Dazu genügt die mündliche Weitergabe nicht mehr, vielmehr bedarf es eigener Formen, die im größeren Rahmen wirken, z.B. schriftliche Darstellungen, Denkmäler, Filme, Kunstwerke, Mythen, Bauwerke oder Gedenktage. Um diese Vielfalt der Erscheinungsformen historischer Erinnerung zu erfassen, wurden in den 1990er-Jahren in der Forschung zwei Begriffe geprägt: „Erinnerungskultur" und „Geschichtskultur".

Erinnerungskultur

Mit dem Begriff der „Erinnerungskultur" wird die Aufmerksamkeit darauf gerichtet, wie und warum Gruppen und Gesellschaften Teile der Vergangenheit auswählen, um sie zum Beispiel durch Denkmäler, Ausstellungen oder Filme im öffentlichen Bewusstsein zu halten, und warum andere Inhalte vernachlässigt oder gar weggelassen werden. „Erinnerungskultur" wird dabei in der wissenschaftlichen Forschung als Oberbegriff „für alle denkbaren Formen der bewussten Erinnerung an historische Ereignisse, Persönlichkeiten und Prozesse" (Christoph Cornelißen) verstanden. Darunter fallen sowohl wissenschaftliche Auseinandersetzungen mit Geschichte als auch private Erinnerungen, sobald sie in irgendeiner Form öffentlich Spuren hinterlassen (zum Beispiel als Autobiografien).

Als Träger der Erinnerungskultur können einzelne Personen, soziale Gruppen oder auch ganze Nationen in Erscheinung treten. Dabei sind Konkurrenzen nicht auszuschließen, und auch ein Nebeneinander verschiedener Erinnerungskulturen ist denkbar. Öffentliche Erinnerungspraktiken (zum Beispiel offizielle Gedenktage) müssen keineswegs immer oder gar dauerhaft mit privaten Formen der Erinnerung übereinstimmen oder von allen gesellschaftlichen Gruppen angenommen werden.

Geschichtskultur

„Geschichtskultur" lässt sich ganz allgemein als die Art und Weise verstehen, wie eine Gegenwart sichtbar mit Geschichte umgeht. Auf den ersten Blick scheint es keinen entscheidenden Unterschied zwischen den Konzepten „Erinnerungs-" und „Geschichtskultur" zu geben. Auch unter Wissenschaftlern ist umstritten, ob sich die Konzepte voneinander unterscheiden: Manche vertreten die Auffassung, dass Befürworter des Konzeptes „Erinnerungskultur" die Frage nach Motiven und Zielen der Erinnerung, nach zielgerichteter Auswahl und ihrer Funktion für die Gegenwart stärker hervorheben. Andere wiederum sind der Meinung, dass beide Begriffe im weiten Sinne ein und dasselbe Phänomen beschreiben: die Formen der bewussten Erinnerung an historische Ereignisse und Prozesse.

M 4 Drei Formen von Gedächtnis

a) Die Kulturwissenschaftlerinnen Aleida Assmann und Ute Frevert unterscheiden drei Formen von Gedächtnis (1999). Das „kommunikative Gedächtnis" definieren sie wie folgt:

Das individuelle Gedächtnis ist das Medium subjektiver Erfahrungsverarbeitung. Wenn ich es mit Jan Assmann vorziehe, hier vom „kommunikativen Gedächtnis" zu sprechen, so deshalb, weil wir die Suggestion vermeiden wollen, als handelt es sich dabei um ein einsames und rein privates Gedächtnis. Mit dem Soziologen Maurice Halbwachs gehen wir davon aus, dass ein absolut einsamer Mensch überhaupt kein Gedächtnis ausbilden könnte. Denn Erinnerungen werden stets in Kommunikation, d. h. im Austausch mit Mitmenschen aufgebaut und verfestigt. Das Gedächtnis wächst also ähnlich wie die Sprache von außen in den Menschen hinein, und es steht außer Frage, dass auch die Sprache seine wichtigste Stütze ist. [...]
Das kommunikative Gedächtnis entsteht in einem Milieu räumlicher Nähe, regelmäßiger Interaktion, gemeinsamer Lebensformen und geteilter Erfahrungen.
Persönliche Erinnerungen existieren nicht nur in einem besonderen sozialen Milieu, sondern auch in einem spezifischen Zeithorizont. Dieser Zeithorizont wird durch den Wechsel der Generationen bestimmt. [...]
Von der Ebene des persönlichen Gedächtnisses aus gesehen, zerfällt die homogene Konstruktion von „Geschichte" in eine Vielzahl bruchstückhafter und widersprüchlicher Erfahrungen. Denn Erinnerungen sind so beschränkt und parteiisch, wie es die Perspektiven der Wahrnehmungen und die Formen ihrer Bewertung sind. [...] Diese Bewertungen sind allerdings auch keine rein individuellen Schöpfungen, sondern lehnen sich wiederum eng an historische Schlüsselerfahrungen, gesellschaftliche Wertmaßstäbe und kulturelle Deutungsmuster an. Das bedeutet, dass das individuelle Gedächtnis nicht nur in seiner zeitlichen Erstreckung, sondern auch in den Formen seiner Erfahrungsverarbeitung vom weiten Horizont des Generationengedächtnisses bestimmt wird. In diesem runden sich die unterschiedlichen Einzelerinnerungen zu einem kollektiven Erfahrungshintergrund auf. Die explizit subjektiven Erinnerungen sind eingebunden in ein implizites Generationengedächtnis.

b) Zum „kollektiven Gedächtnis" schreiben sie:

Im kommunikativen Gedächtnis, das stets auf ein Generationengedächtnis bezogen ist, verschränken sich bereits individuelles und kollektives Gedächtnis. Von einem „kollektiven Gedächtnis" im prägnanten Sinne soll jedoch erst auf einer zweiten Ebene die Rede sein. Diese Ebene wird erreicht, sobald gewisse Vorkehrungen für seine Bestandserhaltung über die natürlichen Zeitgrenzen seines Verfalls hinweg getroffen werden. Das kollektive Gedächtnis ist somit eine Steigerungsform des Generationengedächtnisses, das sich ohne entsprechende Maßnahmen mit dem Ableben seiner Träger immer wieder von selbst auflöst. Wie wird das kollektive Gedächtnis zu einem generationenübergreifenden sozialen Langzeitgedächtnis? Die Antwort lautet: in Verbindung mit der Entstehung eines politischen Kollektivs, einer Solidargemeinschaft. Gedächtnis und Kollektiv unterstützen sich gegenseitig: Das Kollektiv ist der Träger des Gedächtnisses, das Gedächtnis stabilisiert das Kollektiv. Ein Beispiel hierfür sind die Nationen, die sich im 19. Jahrhundert über ein solches Gedächtnis konstituiert und stabilisiert haben. Das kollektive Gedächtnis ist ein politisches Gedächtnis. Im Gegensatz zum diffusen kommunikativen Gedächtnis, das sich von selbst herstellt und wieder auflöst, ist es außengesteuert und zeichnet sich durch eine starke Vereinheitlichung aus.

c) Über das „kulturelle Gedächtnis" schreiben Aleida Assmann und Ute Frevert schließlich:

Oberhalb des kommunikativen und kollektiven Gedächtnisses ist als eine weitere Ebene das „kulturelle Gedächtnis" anzusetzen. Die Anordnung dieser drei Begriffe führt zu Stufen immer höherer Integration und größerer Reichweite in Raum und Zeit. Wie das kollektive Gedächtnis wird das kulturelle Gedächtnis gebraucht, um Erfahrungen und Wissen über die Generationenschwellen zu transportieren und damit ein soziales Langzeitgedächtnis auszubilden. Während jedoch das kollektive Gedächtnis diese Stabilisierung durch radikale inhaltliche Engführung, hohe symbolische Intensität und starke psychische

Affektivität erreicht, stützt sich das kulturelle Gedächtnis auf externe Medien und Institutionen. Hier spielt die Auslagerung von Erfahrungen, Erinnerungen und Wissen auf Datenträger wie Schrift und Bild eine entscheidende Rolle. Während die Medien für das kollektive Gedächtnis lediglich einen Signalwert haben und als reine Merkzeichen oder Appelle für ein gemeinsam verkörpertes Gedächtnis dienen – eine Inschrift auf dem Autokennzeichen, eine Jahreszahl als Graffito an einer Hauswand –, stützt sich das kulturelle Gedächtnis auf einen komplexen Überlieferungsbestand symbolischer Formen. Diese Medien des kulturellen Gedächtnisses umfassen Artefakte [hier: von Menschen Geschaffenes] wie Texte, Bilder und Skulpturen neben räumlichen Kompositionen wie Denkmälern, Architektur und Landschaften sowie zeitliche Ordnungen wie Feste, Brauchtum und Rituale.

Aleida Assmann/Ute Frevert, Geschichtsvergessenheit – Geschichtsversessenheit. Vom Umgang mit der deutschen Vergangenheiten nach 1945, Stuttgart: DVA 1999, S. 36ff., 41f., 49 (verändert).

M5 Was heißt Erinnerungskultur?

Der Historiker Christoph Cornelißen definiert den Begriff „Erinnerungskultur" (2003):

Es erscheint aus den genannten Gründen sinnvoll, „Erinnerungskultur" als einen formalen Oberbegriff für alle denkbaren Formen der bewussten Erinnerung an historische Ereignisse, Persönlichkeiten und Prozesse zu verstehen, seien sie ästhetischer, politischer oder kognitiver Natur. Der Begriff umschließt also neben Formen des historischen oder sogar antihistorischen kollektiven Gedächtnisses alle anderen Repräsentationsmodi von Geschichte, darunter den geschichtswissenschaftlichen Diskurs sowie die nur „privaten" Erinnerungen, jedenfalls soweit sie in der Öffentlichkeit Spuren hinterlassen haben. Als Träger dieser Kultur treten Individuen, soziale Gruppen oder sogar Nationen und Staaten in Erscheinung, teilweise in Übereinstimmung, teilweise aber auch in einem konfliktreichen Gegeneinander. Versteht man den Begriff in diesem weiten Sinn, so ist er synonym mit dem Konzept der Geschichtskultur, aber er hebt stärker als dieses auf das Moment des funktionalen Gebrauchs der Vergangenheit für gegenwärtige Zwecke, für die Formierung einer historisch begründeten Identität ab. Sehr deutlich wird dies in den untergeordneten Begriffen der Erinnerungs-, Vergangenheits- oder Geschichtspolitik. Weiterhin signalisiert der Terminus Erinnerungskultur, dass alle Formen der Aneignung erinnerter Vergangenheit als gleichberechtigt betrachtet werden, wohingegen der Terminus Geschichtskultur stärker auf die kognitive Dimension des Geschichtswissens abhebt. Folglich werden Textsorten aller Art, Bilder und Fotos, Denkmäler, Bauten, Feste, Rituale sowie symbolische und mythische Ausdrucksformen, aber auch gedankliche Ordnungen insoweit als Gegenstand der Erinnerungskulturgeschichte begriffen, als sie einen Beitrag zur Formierung kulturell begründeter Selbstbilder leisten.

Christoph Cornelißen: „Was heißt Erinnerungskultur? Begriff – Methoden – Perspektiven"; in: Verband der Geschichtslehrer Deutschlands (Hg.), Geschichte in Wissenschaft und Unterricht Nr. 54 (ISSN: 0016-9056), Seelze: Friedrich 2003, S. 555.

1. ●●○ Arbeiten Sie die Definition von „Erinnerungskultur" des Historikers Christoph Cornelißen heraus.
→ Text, M5

2. a) ●●○ Erläutern Sie die Begriffe „Erinnerung", „Gedächtnis" und „Erinnerungskultur".
b) ●●○ Erstellen Sie ein Schaubild, aus dem die Beziehungen der verschiedenen Begriffe zueinander hervorgehen.
→ Text

3. a) ●●○ Bestimmen Sie den Unterschied zwischen kommunikativem, kollektivem und kulturellem Gedächtnis.
b) ●●○ Erläutern Sie anhand geeigneter Beispiele die Unterschiede und Gemeinsamkeiten.
→ Text, M4

Mythen, Stereotype und Feindbilder

Mythen

Der Kulturwissenschaftler Jan Assmann fasst Wesen und Funktion eines Mythos wie folgt zusammen: „Mythos ist eine Geschichte, die man sich erzählt, um sich über sich selbst und die Welt zu orientieren, eine Wahrheit höherer Ordnung, die nicht einfach nur stimmt, sondern darüber hinaus auch noch normative Ansprüche stellt und formative Kraft besitzt."

Ein Mythos ist eine sinnstiftende Erzählung, die versucht, Unbekanntes mit Bekanntem zu erklären. Indem der Mythos einzelne historische Sachverhalte nicht den Tatsachen gemäß interpretiert, sondern eine „mythische Lesart der Wirklichkeit" schafft, stellt er eine eigene Interpretation der Vergangenheit dar, bei der bestimmte historische Aspekte betont, andere dagegen vernachlässigt werden. Man kann einen Mythos als eine „Heroengalerie" und als „Leistungsschau" einer jeweiligen Gemeinschaft verstehen. Politische Mythen als verfestigte Geschichtsbilder heben im kollektiven Gedächtnis dasjenige hervor, was die jeweilige Gesellschaft bzw. Kultur für existenziell notwendig hält. Sie stellen eine Erklärung und Deutung historischer Vorgänge und eine Beglaubigung der grundlegenden Werte, Ideen und Verhaltensweisen von Gruppen dar. Ein politischer Mythos basiert somit letztlich auf einer „gemachten, erfundenen Erinnerung", da er die Vergangenheit zumindest stark idealisiert. In modernen Gesellschaften ist der Mythos eine zur Rationalität komplementäre Verarbeitungsform der Wirklichkeit.

In der Betrachtung der Wirkungsweise von Mythen lassen sich vier Hauptfunktionen unterscheiden:

Zunächst ist dem Mythos die Funktion der Sinnstiftung zu eigen. Mythen stellen in einer säkularisierten Welt einen Religionsersatz dar. Dies erklärt ihre Kraft und Bedeutung für moderne Gesellschaften: Wenn in einer säkularisierten, rationalen Welt die Orientierungs- und Sinngebungsmöglichkeiten der Religion nicht mehr wirken, so werden diese „Kosten" der Rationalisierung oftmals wieder durch Mythen kompensiert. Diese Sinngebungs- und Orientierungsfunktion ist insbesondere zu Krisen- und Umbruchzeiten von Bedeutung, sodass Mythen in diesen Phasen immer wieder eine Renaissance erleben.

Aus der Orientierungsfunktion ergibt sich im Weiteren die Integrationsfunktion: Durch die mythische Narration wird die Gemeinschaft zugleich Autor und Leser/Zuhörer ihrer eigenen Geschichte. Die mythische Erzählung verbindet eine Vielzahl von in der Vergangenheit und Gegenwart zerstreuten Sinngebungen, wobei Fremdbestimmtes und/oder andere Entwicklungen ausgeklammert werden. Politische Mythen integrieren soziale Gruppen zu einem Ganzen. Man trifft daher immer wieder auf mythische Erzählungen, die den Anfang bzw. den Zweck einer Gemeinschaft begründen.

Als Drittes ist die legitimierende Funktion zu nennen: Durch Mythos wird herrschaftliche Autorität begründet, gesellschaftliches Selbstbewusstsein gestärkt und es wird zum gemeinsamen Handeln animiert. Neben der Rechtfertigung politischer Herrschaft können auch soziale Unterschiede mythisch erklärt und gerechtfertigt werden. Schließlich sind Mythen auch für Ideologien nutzbar, die selbst mythologische Züge aufweisen (z. B. Kommunismus).

Dies führt zur vierten, zur emanzipatorischen Funktion: Mythen sind oft „janusköpfig", da sie einerseits konservativ sind, andererseits aber auch gewisse emanzipatorische Leistungen erbringen können, geht es doch immer um die Einbindung des Einzelnen in die politische Gemeinschaft.

Ausgehend von diesen vier grundlegenden Funktionen lassen sich politische Mythen in vier Kategorien einteilen. Es gibt a) Ursprungs- bzw. Gründungsmythen, b) Mythen, die zur Beglaubigung dienen, c) Mythen, die eine Katharsis bzw. Urkatastrophe beschreiben, und d) Verklärungsmythen. Der politische Gründungsmythos ist hierbei als „Oberkategorie" zu begreifen, da ein politischer Mythos über „den Ursprung einer politischen Ära und/oder eines abgegrenzten politischen Raumes" kündet. Die Ursprungs- und Gründungsmythen behandeln nicht irgendeine Person, irgendein Ereignis oder irgendeinen

M6 *Mythos Hermann*
Das Hermannsdenkmal im Teutoburger Wald, eingeweiht 1875

Raum, sondern die besondere Person, die – laut Mythos – einen fundamentalen Beitrag zu Herausbildung eines Staates, einer Gemeinschaft geleistet hat, das besondere Ereignis, das als Schlüsselereignis für die Existenz dieser Gemeinschaft bzw. des Staates zu sehen ist, und den besonderen Raum, der wesentlich für die Definition des eigenen Territoriums ist.

Um die Wirksamkeit von politischen Mythen zu analysieren und damit einen Mythos als solchen zu erklären und zu entlarven, ist die Frage nach der Rezeption von erheblicher Bedeutung. Man kann die Wirksamkeit von Mythen auf zwei verschiedenen Ebenen untersuchen:

M7 *Mythos* ***Ostalgie***
Zwickau, 2004

1. Da Mythen im kulturellen Gedächtnis verhaftet sind, kann ihre Wirkung an theoretischen Texten studiert werden, welche sich mit den betreffenden Mythen befassen.

2. Wesentliche Indizien für die Wirksamkeit von Mythen sind deren Verwendungshäufigkeit und Beständigkeit. Daher kann auch die jeweilige (Verwendungs-)Geschichte betrachtet werden: Tauchen Mythen immer wieder in einer historischen Erzählung auf, so bedeutet dies, dass sie von ihren Förderern internalisiert wurden und dass die Zielgruppe, in der Regel die Volksmasse, immer noch für sie empfänglich ist. Das „Überleben" eines Mythos ist also der deutlichste Hinweis auf seine Wirksamkeit. Der historischen Mythosforschung kommt daher die grundlegende Aufgabe zu, einzelne Mythen inhaltlich und in ihrer Entwicklungsgeschichte zu beschreiben sowie deren jeweilige Ausprägungen und Funktionen zu analysieren. Dafür ist es auch von Bedeutung, die „Erfinder" historischer Mythen und deren Ziele zu untersuchen, um die mit der Verbreitung eines politischen Mythos verbundenen spezifischen Intentionen zu erkennen.

Wichtig für den Erfolg von Mythen sind die Formen der Verbreitung sowie die beständige Wiederholung. Hierzu dienen unterschiedliche Medien: Mythen finden in künstlerischer Form Darstellung (z. B. Dichtung, Musik, Bilder, seit dem 20. Jahrhundert vor allem auch Filme), werden in politischer Propaganda verbreitet (z. B. Reden, Plakate) und in monumentaler Form als Denkmäler verewigt. Sie werden in Festen, Ritualen und Inszenierungen wiederholt und sind auch im Alltag präsent (z. B. Erzählung, Kinderspiel). Dabei können sich Mythen auch wandeln. Ihre Funktion erfüllen sie nur, wenn sie ein Bedürfnis von Menschengruppen widerspiegeln, und da sich diese Bedürfnisse gesellschaftlich und kulturell verändern, verändern sich auch die Mythen, oder sie verlieren ihren Einfluss.

Politische Mythen sind nicht einfach erbauliche Erzählungen, die zum Gegenstand historisch-philosophischer Studien werden können, wie das bei den Mythen der Antike der Fall ist. Eine wissenschaftliche Distanzwahrung ist nur bei bereits „erkalteten" Mythen möglich; „heiße" Mythen dagegen haben eine direkte Appellstruktur, sie sprechen ihre Adressaten an und nehmen sie in Anspruch. Es ist schwierig, sich ihrer Wirkung zu entziehen, zumal dann, wenn sie tief in die politische Wahrnehmung eingesickert sind, sodass sie Erfahrungsräume und Erwartungshorizonte beherrschen.

Stereotype und Feindbilder

Der Begriff „Stereotyp" bezeichnet ein festgelegtes Bild von einer Person oder einer Menschengruppe. Vom Vorurteil unterscheidet sich das Stereotyp durch eine geringere emotionale Beteiligung. Obwohl es sich bei Stereotypen um Auffassungen bzw. Behauptungen handelt, die einer rationalen Prüfung nicht standhalten, da sie der differenzierten Realität nicht entsprechen, können Stereotype ihre eigene Realität nach dem Prinzip der „selbsterfüllenden Prophezeiung" herstellen. Mit Mythen haben Stereotype gemeinsam, dass sie emotional aufgeladen sind, dass sie der kollektiven Abgrenzung von anderen und damit der Identitätsbildung oder Identitätsvergewisserung dienen und dass sie die Komplexität der Wirklichkeit durch Vereinfachung reduzieren. Stereotype werden wie Mythen gelernt und tradiert, sie beruhen nicht oder nicht vornehmlich auf eigenen Erfahrungen. Allerdings funktioniert die Tradierung nicht so systematisch wie bei Mythen: Stereotype werden im Regelfall nicht „in Stein gegossen" oder in Ritualen wiederholt, dafür aber sind sie stärker als Mythen in den Alltag integriert.

Es lohnt sich, einen Blick auf verschiedene Ausprägungen von Stereotypen zu richten. Dabei kann man vereinfacht von zwei Menschengruppen ausgehen, die miteinander in Kontakt stehen. Im Verhältnis der beiden Gruppen zuei-

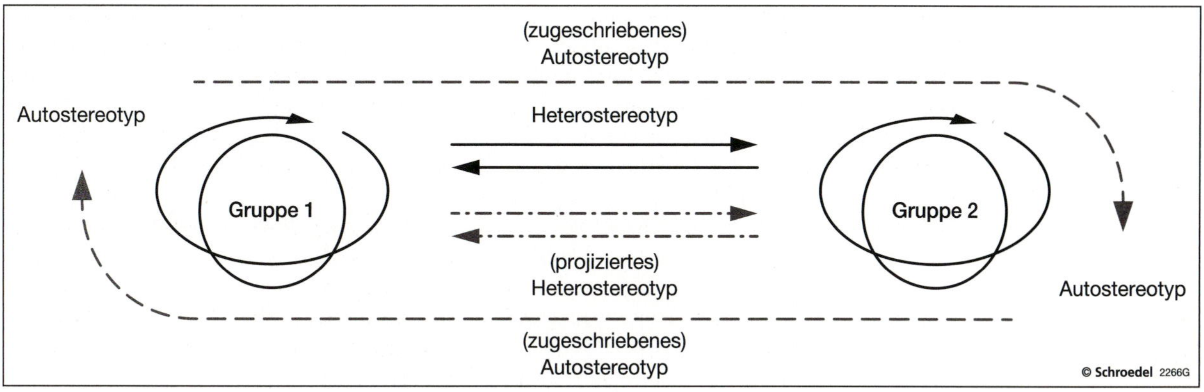

nander sind vier stereotypisch geprägte Vorstellungen und Wahrnehmungen zu unterscheiden.

Im abgebildeten Beispiel (oben) verfügen die Mitglieder von Gruppe 1 über ein Fremdbild („Heterostereotyp") bezogen auf die Mitglieder von Gruppe 2; umgekehrt entwickeln auch die Mitglieder von Gruppe 2 ein solches Heterostereotyp, bezogen auf die Mitglieder von Gruppe 1. Zugleich haben alle Gruppenmitglieder ein bestimmtes Bild ihrer eigenen Gruppe; diese Bilder werden als Selbstbild („Autostereotyp") bezeichnet. Komplizierter wird es, wenn man zu berücksichtigen versucht, was die Mitglieder von Gruppe 1 hinsichtlich des Selbstbildes der Mitglieder von Gruppe 2 annehmen (und umgekehrt). In diesen Fällen spricht man von „zugeschriebenen Autostereotypen". Schließlich lässt sich noch untersuchen, was die Mitglieder von Gruppe 1 dahingehend annehmen, wie die Mitglieder der Gruppe 2 sie wahrnehmen (und umgekehrt). Diese Betrachtungsweise wird als „projiziertes Heterostereotyp" bezeichnet.

Während Stereotype sowohl positiv als auch negativ besetzt sein können, ist das historisch aufgeladene Feindbild ein Begriff für in der Gesellschaft individuell und kollektiv vorhandene negative und oft auch gezielt abwertende Vorstellungen über bestimmte Personen, soziale Gruppen, weltanschauliche Gemeinschaften, Völker und Nationen. Der Feind wird als böse, grausam und hinterhältig betrachtet, was demjenigen, der ein solches Feindbild besitzt, ein positives Selbstbild verleiht. Feindbilder sind eindeutig dichotomisch geprägt, sie lassen keinen Platz für Differenzierungen, Zwischentöne oder rationale Argumentation. Feindbilder besitzen eine stark aggressive Komponente – der Feind darf, ja muss bekämpft, wenn nicht sogar vernichtet werden, da er für das Eigene bedrohlich ist. Feindbilder werden in Konflikten und kriegerischen Auseinandersetzungen systematisch hergestellt oder verstärkt und propagandistisch eingesetzt, um den Gruppenzusammenhalt zu gewährleisten, um für die eigenen Ziele zu mobilisieren oder um eigene Handlungen zu legitimieren. Besonders deutlich ist die Rolle von Feindbildern an der Geschichte der beiden Weltkriege zu erkennen.

M 8

Für alle drei hier dargestellten Formen – Mythen, Stereotype und Feindbilder – gilt, dass sie Geschichte in besonders prägnanter Weise verkürzen, emotionalisieren und auf die jeweilige Gegenwart beziehen. Es ist daher kein Zufall, dass Mythisierungen und Feindbildproduktionen typischerweise in gesellschaftlichen Krisen- und Umbruchsituationen Konjunktur haben.

1. **a)** ●●○ Geben Sie die Mythos-Definition des Kulturwissenschaftlers Jan Assmann wieder und erläutern Sie ihre Bestandteile.
b) ●●○ Kennzeichnen Sie die Zusammenhänge zwischen Mythos und Geschichte unter Berücksichtigung vorhandener Unterschiede und Gemeinsamkeiten.
c) ●●○ Bestimmen Sie die unterschiedlichen Formen und Typen von Mythen und erklären Sie deren Wirkungsmächtigkeit.
d) ●●● Beurteilen Sie die Möglichkeiten, Mythen zu dekonstruieren.
→ Text

2. **a)** ●●○ Arbeiten Sie Gemeinsamkeiten und Unterschiede zwischen Mythen, Stereotypen und Feindbildern heraus und erstellen Sie ein Schaubild, das die Beziehungen der verschiedenen Begriffe zueinander verdeutlicht.
b) ●●● Analysieren Sie die Inhalte ausgewählter Stereotypen und Feindbilder und dekonstruieren Sie deren Intentionen.
→ Text

M1 ***Einheitsfeier in Berlin***
Vor dem Reichstagsgebäude am 3. Oktober 1990

M2 ***Nationalfeiertag in den USA***
4. Juli 2007

Nationale Gedenk- und Feiertage in verschiedenen Ländern

Am 14. Juli ist Nationalfeiertag in Frankreich, am 4. Juli in den USA, am 3. Oktober in Deutschland, am 3. Mai in Polen. Diese Daten beziehen sich auf wichtige historische Ereignisse der Nationen: auf die Erstürmung der Bastille zu Beginn der Französischen Revolution, auf die Unabhängigkeitserklärung der englischen Kolonien in Amerika, auf die deutsche Wiedervereinigung und den Tag der polnischen Verfassung. Neben den Nationalfeiertagen gibt es noch zahlreiche andere Feier- und Gedenktage, die von Menschengruppen oder Nationen in besonderer Weise begangen werden. Der 9. November ist aufgrund der verschiedenen Ereignisse, die sich in der Vergangenheit an diesem Tag ereignet haben, in Deutschland in gewisser Weise Gedenk- und Feiertag zugleich.

Gedenktage besitzen zu allen Zeiten und in allen Kulturen eine wichtige Funktion: Sie dienen einer gemeinsamen, symbolisch verdichteten Erinnerung; sie sind Formen „einer öffentlichen Erinnerung an Ereignisse, Personen oder datierbare Sachverhalte, denen eine gesellschaftliche, nationale, übernationale oder gar universalhistorische Bedeutung zugemessen wird“ (Klaus Bergmann). Gedenktage bilden damit einen wichtigen Teil des „kulturellen Gedächtnisses“ (Aleida Assmann) einer Gesellschaft. Sie dienen aber auch politischen Zielsetzungen: Aus der Geschichte wird herauskristallisiert, was politisch „passt“ und nützlich ist („Geschichtspolitik“).

Aus der Form und dem Inhalt von Gedenktagen ergeben sich wichtige Erkenntnisse über das kollektive Gedächtnis einer Gesellschaft. Zugleich lassen Inhalte und Formen aber auch Rückschlüsse auf die gesellschaftlich gewünschten Deutungen der Vergangenheit zu. So nutzen Regierungen öffentliche Gedenktage gerne dazu, die Geschichte im Hinblick auf aktuelle Situationen zu interpretieren, ja sie für eigene politische Vorhaben zu instrumentalisieren. Auf diese Weise strebt man nach allgemeiner Zustimmung, bedient das Bedürfnis nach nationaler Identität und hofft, das aktuell bestehende System zu stabilisieren.

Der politische Zustand einer Gesellschaft lässt sich daher auch danach beurteilen, in welchem Maße und auf welche Weise über die Sinngebung von Gedenktagen öffentlich diskutiert und gestritten wird und werden kann.

Gedenktage passen sich in der Regel den sich wandelnden historischen Kontexten an; sie nehmen neue Formen der Vermittlung (z. B. Feiern als großes Medienereignis) oder neu entstandene Kommunikationsformen auf (z. B. Internetplattformen oder soziale Netzwerke). Auf diese Weise finden sie eine größere Resonanz. Nach politischen Brüchen können Gedenktage aber auch „getilgt“ werden, wenn sie einer neuen Werteordnung nicht mehr entsprechen (z. B. „Kaisergeburtstag“, „Führergeburtstag“, „17. Juni“).

Gedenktage folgen oft einem bestimmten Ablauf, der sich mitunter an der kirchlichen Liturgie orientiert. Dabei wird ein spezielles, meist feierliches Protokoll bevorzugt, besondere Personengruppen werden hervorgehoben, Festreden gehalten etc. Viele anlässlich von Gedenktagen stattfindende Veranstaltungen bieten keine wissenschaftliche Auseinandersetzung mit der Vergangenheit, sondern sie versuchen, die Gegenwart emotional zur Geschichte in Beziehung zu setzen.

Leitfragen

- **Was macht Gedenktage zu einer besonderen Form historisch-politischer Bildung und welche Intentionen verknüpfen sich mit ihrer Einrichtung?**
- **Welche unterschiedlichen Perspektiven (politisch, kulturell, national) liegen der Begehung von Gedenktagen zugrunde?**
- **Wie gestaltet sich der Umgang mit Erinnerung an nationalen Gedenk- und Feiertagen und wie lassen sich die Intentionen solcher Rekonstruktionen bewerten?**

Orientierung: Gedenk- und Feiertage

M3 Wandel der Jubiläumsinszenierungen

In seinem Überblick führt der Historiker Winfried Müller über die Geschichte der Gedenk- und Feiertage im 19. und 20. Jahrhundert aus (2020):

Die große Zeit der bürgerlichen Jubiläumsinszenierungen wurde gleichwohl erst das 19. Jahrhundert, als Dienst-, Amts- oder Firmenjubiläen zu Taktgebern der privaten und öffentlichen Festkultur wurden.

Dieser Jubiläumsboom ist zum einen vor dem Hintergrund einer deutlichen Intensivierung von Zeiterfahrung und -wahrnehmung zu sehen. Feste Dienstzeiten, die sich bei Beamten bis heute im Jubiläumsdienstalter niederschlagen, der Ausbau der öffentlichen Verwaltung mit der präzisen Dokumentation von Geburts- und Sterbetag, von Schuleintritt und Eheschließung – dies alles präzisierte die Lebenszeit in einem bislang nicht gekannten Ausmaß und arbeitete einem an messbaren Zeitintervallen orientierten Geschichtsdenken zu. Zum anderen ist der Jubiläumsboom des 19. Jahrhunderts aber auch auf die gewaltigen politischen Umbrüche der sogenannten Sattelzeit um 1800 zurückzuführen. Die Französische Revolution und das Ende des Alten Reiches wurden vielfach als massiver Traditionsverlust empfunden, und nicht zuletzt durch den jubiläumszyklischen Rekurs [Rückgriff] auf die Vergangenheit sollte jene Treue zu den Institutionen wiederhergestellt werden, deren Auflösung Aufklärung und Revolution angelastet wurde. […]

Diese monarchische Jubiläumskultur des 19. Jahrhunderts war in Deutschland einerseits einzelstaatlich-föderativ. Gleichzeitig gab es aber auch eine auf den Prozess der Nationsbildung verweisende Jubiläumskultur, die sich in erster Linie mit den Symbolfiguren der Kulturnation, ihren Erfindern, Malern, Dichtern und Denkern verband – Johannes Gutenberg, Albrecht Dürer, bald dann auch Goethe und Schiller; die 1859 deutschlandweit stattfindenden Feiern zu Schillers 100. Geburtstag waren eine der größten Jubiläumsveranstaltungen des 19. Jahrhunderts.

Wenn die Leistungen und Verdienste der Dynastien und der „großen Söhne" des Vaterlandes jubiläumszyklisch inszeniert wurden, so verweist das auf die grundsätzlich affirmative [zustimmende] Qualität der Jubiläumskultur des 19. Jahrhunderts. Zugleich hatte diese exkludierenden [ausschließenden] Charakter, indem sie Feindbilder generierte. Bestes Beispiel hierfür sind die Erinnerungsfeiern an die Leipziger Völkerschlacht von 1813 im Vorfeld des Ersten Weltkriegs, als unter anderem 1913 im Rahmen der Einweihung des Völkerschlachtdenkmals sowohl das nationale Gemeinschaftsbewusstsein durch einen zahlreiche deutsche Erinnerungsorte streifenden Sternlauf der deutschen Turnerschaft verstärkt als auch die „Erbfeindschaft" gegenüber Frankreich reaktualisiert wurde. Mit Blick auf diese Überhitzung der Erinnerungsgemeinschaft wurde von einer nachgerade kriegstreibenden Rolle historischer Jubiläen gesprochen. Der Erste Weltkrieg als „Urkatastrophe des 20. Jahrhunderts" leitete aber auch eine Transformation der Erinnerungskultur ein, indem die „Sites of Mourning" in den Vordergrund gerückt wurden. Diese Entwicklung setzte sich dann vor allem nach dem Zweiten Weltkrieg und dem Holocaust fort. Das historische Jubiläum konnte nicht mehr in der gewohnten Weise inszeniert werden. Nach dem nationalsozialistischen Zivilisationsbruch ging es vielmehr um die Betonung des Neuanfangs, der mit der Formel von der „Stunde Null" auf den Punkt gebracht wurde.

Winfried Müller: „Das historische Jubiläum. Zur Karriere einer Zeitkonstruktion"; in: Bundeszentrale für politische Bildung (Hg.), ApuZ – Aus Politik und Zeitgeschichte. Beilage zur Wochenzeitung „Das Parlament" Nr. 33–34/2020, S. 12f.

M4 Sind Gedenktage überflüssig?

Die Bedeutung der Gedenktage in der Gegenwart wird von dem Historiker Frank Bösch kritisch beleuchtet (2020):

Problematisch ist zunächst, dass die derzeit groß zelebrierten runden Jubiläen ein verengtes Geschichtsverständnis fördern. Während sich die Geschichtsvermittlung an den Schulen und Universitäten mühsam vom Erlernen staatspolitischer Daten emanzipiert hat, verfestigt der Jahrestagsfetischismus diese erneut. Vor allem Kriege, Staatsgründungen oder Geburts- und Todestage großer Männer werden durch Jubiläen aufgewertet. Ähnlich wie im Schulunterricht der 1950er-Jahre gleicht die Geschichte so einem mit heroischen und tragischen Ereignissen gespickten Zeitstrahl. Medial ist das gut vermittelbar, da hierzu personalisierte Bilder und dramatische Erzählungen überliefert sind. Geschichte lässt sich so ergreifend schildern, entlang Erfindungen genialer Männer, plötzlicher Kriegsausbrüche und opferrei-

cher Friedensschlüsse. Problematisch ist, was ausgeblendet wird. Während sich die historische Forschung, der Schulunterricht und auch das familiäre Gedächtnis längst an Themen und Fragen der Sozial- und Kulturgeschichte orientiert, präsentieren Jahrestage oft ein antiquiertes Geschichtsbild. Der Alltag in Diktatur und Demokratie verschwindet ebenso wie Erklärungen für langfristige Veränderungen. [...]
Durch die kanonischen Jahrestage kommen viele Fragen, die wir heute diskutieren, kaum in das öffentliche Geschichtsbewusstsein. Klima- und Umweltschutz, Migration oder Rassismus sind etwa bisher kaum mit Jahrestagen verbunden, obgleich die Bedeutung dieser Herausforderungen sicherlich nicht gering ist. Wir feiern christliche Gedenktage, aber für eine Auseinandersetzung mit dem Islam, der seit Jahrzehnten in Deutschland beheimatet ist, gibt es bislang keine runden Kalendertage, anhand derer die Geschichte des Islam verhandelt werden könnte. Auch die Genese wachsender sozialer Unterschiede oder die neuen Dynamiken der Globalisierung haben kein festes Startdatum und sind damit seltener Thema öffentlich geförderter historischer Bücher, Ausstellungen oder Festveranstaltungen.

Eine Möglichkeit zur Abhilfe wäre, den Kanon um Ereignisse zu erweitern, die in Vergessenheit geraten sind, aber aus heutiger Sicht wieder mehr Aufmerksamkeit verdienen. 2019 hatten etwa die erste Weltklimakonferenz und der erste große Störfall in einem Atomkraftwerk, dem Reaktor nahe Harrisburg, ihren 40. Jahrestag, was Anlass für entsprechende zeithistorische Reflexionen zur Umweltgeschichte gegeben hätte. [...]

Jahrestage bedienen vor allem die nationale Selbstverständigung. Staat und Politik nutzen sie, um Integration und Gemeinschaft zu fördern, Opfern zu gedenken oder mit Verweis auf die Geschichte die Werte der Gegenwart zu akzentuieren. Damit verengen sie die Geschichte oft auf heroische oder tragische Perspektiven. Die alte Bundesrepublik hat dabei lange auf heroische nationale Jubiläumsfeiern verzichtet [...] [und] setzte angesichts der vielen Brüche in der deutschen Geschichte dagegen auf „Trauer- und Mahnjubiläen", um sich mit ihrer Geschichte auseinanderzusetzen. Die Bewältigung des Todes und des Leides trat in den Vordergrund, ebenso wie die Auseinandersetzung mit Schuld, Vergebung und Versöhnung. Heroische positive Gedenktage waren mit den großen Dichtern, Denkern und Lenkern der Geschichte sowie mit Stadtjubiläen verbunden, die nationale und regionale Identität prägen sollten.

Frank Bösch: „Im Bann der Jahrestage. Essay"; in: Bundeszentrale für politische Bildung (Hg.), ApuZ – Aus Politik und Zeitgeschichte. Beilage zur Wochenzeitung „Das Parlament" Nr. 33–34/2020, S. 30 ff. (verändert).

M5 „Gedenktag"
Karikatur von Lo Graf von Blickensdorf, 2019

1. a) ●●○ Erläutern Sie die Bedeutung von Gedenktagen für die Erinnerungs- und Geschichtspolitik.
   b) ●●○ Skizzieren Sie den Wandel der Jubiläumsinszenierungen vom 19. ins 20. Jahrhundert.
   c) ●●○ Arbeiten Sie die Kritik von Frank Bösch (M4) an den Jahrestagen heraus.
   → Text, M3, M4
2. a) ●●● Die Vereinten Nationen nennen auf der Internetseite „https://unric.org/de/internationale-tage/" zahlreiche „Internationale Tage". Wählen Sie drei Tage aus und begründen Sie, ob man diesen Tagen eine vermehrte mediale Aufmerksamkeit schenken sollte.
   b) ●●● Diskutieren Sie ihre Auswahl.
   → Text, Internet
3. ●●○ Analysieren Sie die Karikatur M5 und arbeiten Sie die Kritik an den Gedenktagen heraus.
   → Text, M5
4. ●●● Setzen Sie sich mit der Aussage des Literaturwissenschaftlers Heinz Schlaffer auseinander, dass das Feiern von Jahrestagen und Jubiläen „ein Gedenken ohne Gedächtnis" fördere.
   → Text

Analyse von Gedenktagen

Fragestellungen zur Analyse von nationalen Gedenktagen

1. **Was oder wer wird gefeiert?**
   Welche konkreten historischen Ereignisse und Personen werden von den Veranstaltern hervorgehoben und so für die Gegenwart genutzt (z. B. Kriege, militärische Siege, Staats- und Parteigründungen, Verfassungstage, Revolutionen, Aufstände, heroische Taten, Friedensschlüsse, Niederlagen, Attentate usw.)? Das Fehlen eines nationalen Gedenktages kann auch das Fehlen eines gesellschaftlichen Kompromisses über wichtige Grundlagen und über das Selbstverständnis eines Staates anzeigen.

2. **Wie wird gefeiert?**
   Von großer Bedeutung ist die gesellschaftliche Akzeptanz von Gedenktagen: Wie viele Besucher kommen zu den großen Feiern? Sind sie freiwillig da, oder ist die Teilnahme ein Zwang? In letzterem Fall: Mit welchen Sanktionen wird eine Nichtteilnahme belegt? Die Rezeption von Gedenktagen in der Bevölkerung ist ein wichtiges Analyseinstrument.

3. **Welche Identität und Form der Gemeinschaft wird an dem Gedenktag vermittelt?**
   Historische Gedenktage trennen häufig das „Fremde“ von dem „Eigenen“. Sie sagen damit auch aus, welche historischen Ereignisse abgelehnt werden, z. B. Besetzungen durch fremde Mächte, militärische Niederlagen, Ablehnung politischer Systeme (Kommunisten, Faschisten), Ablehnung einzelner Religionen (Christen, „Ungläubige“) oder Menschengruppen („Zigeuner“). Die Wechselwirkung von „Eigenem“ und „Fremdem“ eignet sich ebenfalls sehr gut zur Analyse von Gedenktagen.

4. **Wie wird mit der Vergangenheit umgegangen?**
   Historische Gedenktage nutzen das „Material der Vergangenheit“ in der Regel für politische Zwecke, betreiben also Geschichtspolitik. Dramatische Brüche, Gewalt, Siege oder Niederlagen, „schwarz“ oder „weiß“ stehen in der Bewertung häufig vor der Würdigung langwieriger Entwicklungsprozesse, mühseliger Kompromisse oder einem wissenschaftlich fundierten Urteil. Hinzu kommt allerdings, dass Gedenktage schon durch ihre Existenz selbst zur Reflexion und zur Aufarbeitung der Vergangenheit beitragen können, indem sie etwa provozieren, zum Nachdenken anregen, den politischen Konsens fördern oder aber Dissens aufdecken. Die jeweilige Zielrichtung – etwa Populismus versus Aufklärung, historische „Korrektheit“ versus politische Manipulation – kann für eine Interpretation hilfreich sein.

5. **Wie wird die Vergangenheit gedeutet?**
   Geschichtswissenschaftlich gesehen geben Gedenktage meist eine sehr komprimierte, oft auch einseitige Sicht wieder. Es geht fast immer um „große“ Ereignisse mit scheinbar eindeutigen Bewertungen. Dies liegt in der Natur von Gedenktagen, die keine wissenschaftlichen Veranstaltungen sind.

6. **Wie wird der Gedenktag medial und wirtschaftlich in Szene gesetzt?**
   Nicht zuletzt sind nationale Gedenkveranstaltungen heutzutage oft mediale und ökonomische Großereignisse und können auch als solche analysiert werden: Welche Größenordnung haben die Veranstaltungen? Von welchen Gruppen werden sie besucht? Wer richtet sie aus? Wer berichtet in welchen Medien darüber? Wer verdient daran?

4. Juli – Unabhängigkeitstag in den USA

Historischer Hintergrund

Der Unabhängigkeitstag („Independence Day“ oder auch „Fourth of July“) erinnert an die Unabhängigkeitserklärung der Vereinigten Staaten durch den Kontinentalkongress, welche am 4. Juli 1776 unterschrieben wurde.

Seit den 1760er-Jahren verstärkten sich die Konflikte zwischen den Kolonien auf dem nordamerikanischen Kontinent und dem britischen Mutterland. So protestierten die Kolonien gegen den Versuch, sie zur Rückzahlung von Kriegsschulden heranzuziehen. Berühmt wurde die Boston Tea Party, als im Dezember 1773 Kolonisten Tee von Schiffen ins Wasser warfen, um keine Importsteuern zahlen zu müssen. 1774 trafen sich im Kontinentalkongress in Philadelphia Delegierte der Kolonien, um ihre Interessen gegenüber der Krone durchzusetzen. Der Konflikt verschärfte sich. Es kam im April 1775 zu einem ersten Gefecht zwischen Siedlern und britischen Truppen. Durch die Verbreitung der Schrift Common Sense von Thomas Paine wuchs Anfang 1776 in den britischen Kolonien der Wunsch, sich vom Mutterland zu lösen. Immer mehr Delegierte im Kontinentalkongress erhielten die Erlaubnis, für die Unabhängigkeit zu stimmen. Die einstimmige Abstimmung über die Unabhängigkeit der Kolonien vom Mutterland erfolgte schließlich am 2. Juli 1776. Nur der Staat New York hatte seine Delegierten noch nicht zur Zustimmung bevollmächtigt. In der Präambel der Unabhängigkeitserklärung wurde der damals revolutionäre Grundsatz betont, dass die Legitimität von Herrschaft an die Zustimmung der regierten Bevölkerung gebunden ist. Zu den weiteren Grundsätzen der Unabhängigkeits-

M1 ***Unabhängigkeitserklärung***

John Trumbull (1756–1843) arbeitete zwischen 1787 und 1818 an diesem Gemälde, auf dem John Adams (1735–1799) aus Massachusetts, Roger Sherman aus Connecticut, Robert Livingston aus New York, Thomas Jefferson (1743–1826) aus Virginia und Benjamin Franklin (1706–1790) aus Pennsylvania den Entwurf der Unabhängigkeitserklärung dem Präsidenten des Generalkongresses, John Hancock, überreichen.

erklärung gehören Ideen des Naturrechts („gleiche und unveräußerliche Rechte von Geburt an“ auf „Leben, Freiheit und das Streben nach Glück“) und des Vertragsdenkens der Aufklärung („alle Macht geht vom Volke aus“, also Volkssouveränität).

Die Unabhängigkeit wurde von der britischen Krone nicht widerstandslos hingenommen, allerdings verteidigten die Amerikaner sie erfolgreich im Unabhängigkeitskrieg, der mit dem Frieden von Paris am 3. September 1783 endete.

Bedeutung des 4. Juli

Die patriotische und kulturelle Bedeutung des Unabhängigkeitstags ist in den USA sehr hoch. Bereits der erste Jahrestag der Unabhängigkeitserklärung wurde in Amerika mit Schüssen, Reden, Paraden und Feuerwerk gefeiert. In der Gegenwart picknicken viele Amerikaner am 4. Juli mit ihrer Familie und ihren Freunden. Des Weiteren finden Paraden, Feuerwerke und Konzerte, aber auch kuriose Wettbewerbe wie Hotdog-Wettessen statt. Zahlreiche Filme, Songs und Romane thematisieren den Unabhängigkeitstag.

M3 ***Flagge der Vereinigten Staaten von Amerika aus dem Jahr 1777***
Nachzeichnung

M2 ***Nationalfeiertag***
USA, Foto, 4. Juli 2016

4. Juli – Unabhängigkeitstag in den USA

M4 Zwischen Hegemonialgeschichte und Pluralismus

Die Amerikanistin Heike Paul über die amerikanische Gedenktage (2021):

In den USA beinhaltet der zivilreligiöse Kalender des nationalen Erinnerns traditionell den Unabhängigkeitstag (Fourth of July) und den Familienfeiertag Thanksgiving, aber auch Gedenktage, die den US-amerikanischen Kriegen und ihren Opfern (Memorial Day) sowie dem nationalen Führungspersonal gewidmet sind (der Presidents' Day wird zu Ehren von George Washington und Abraham Lincoln begangen). Diese Feiertage werden meist staatstragend mit rituellem Programm zelebriert. Die Auswahlkriterien für eine identitätsstiftende Erinnerungspolitik werden im Zuge einer breiten zivilgesellschaftlichen Diskussion zunehmend Gegenstand von Debatten – die Kulturhistorikerin Erika Doss spricht gar von einer Memorial Mania. Die Verbindlichkeit des gemeinsamen Erinnerns und der Konsens darüber, was gedenkenswert und erinnerungswürdig ist, stehen dabei mitunter grundsätzlich zur Disposition.

Der Unabhängigkeitstag (Independence Day) hat sich als ein beständiger Anlass der Erinnerung an die vielfältig mythisierte Staatsgründung und dabei als ideologisch durchaus elastisch erwiesen – auch, weil er ein emanzipatorisches Streben beschreibt, das immer wieder von unterschiedlichen Individuen und Gruppen beansprucht wurde. So dient der symbolträchtige Feiertag nicht nur der Selbstvergewisserung der US-Bevölkerung als Bürgerinnen und Bürger einer souveränen Nation, sondern in der Populärkultur auch als Referenz für Unabhängigkeits- und Befreiungsnarrative anderer Art: gegen die existenzielle Bedrohung der Welt durch Aliens im Film „Independence Day" (1996), als Erinnerung an einen grausamen Krieg in Vietnam in der Autobiografie des Veteranen Ron Kovic mit dem Titel „Born on the Fourth of July" (1976, verfilmt von Oliver Stone 1989), als weibliche Ermächtigung gegen häusliche Gewalt im Country-Song „Independence Day" (1994) von Martina McBride, als Abschiedslied an den Vater im Kontext einer schwierigen Vater-Sohn-Beziehung im gleichnamigen Song von Bruce Springsteen (1978), aber auch als Überwindung der Midlifecrisis in Richard Fords preisgekröntem Roman „Independence Day" (1995).

In all diesen Filmen und Texten von überwiegend weißen US-Amerikanerinnen und US-Amerikanern ist der Unabhängigkeitstag nicht nur eine Chiffre für die nationale Geschichte, sondern auch für das damit verknüpfte individuelle Schicksal. Dabei war der Nationalfeiertag bereits früh auch Anlass zu heftiger Kritik. Der Abolitionist [Gegner der Sklaverei] und Schriftsteller Frederick Douglass (1817 – 1895) fragte in einer seiner bedeutendsten Reden, die er am 5. Juli 1852 hielt: „Was bedeutet der 4. Juli für Sklaven?" („What to the Slave is the Fourth of July?") – und er gab sich und seinem Publikum sogleich die Antwort darauf: In einem Land, in dem Sklaverei rechtmäßig existiert, ist der Unabhängigkeitstag ein Tag der Schande für die gesamte Nation. [...]

Die US-amerikanische Erinnerungskultur steht bald wieder vor der Herausforderung, „affektive Dissonanzen" und andere Widersprüche zu bearbeiten, wenn es um die Feiern zum 250. Jahrestag der Unabhängigkeit geht: Die Planungen für den 4. Juli 2026 haben bereits begonnen. Auch hier geht es wieder um Fragen der Zugehörigkeit und Inklusion, die bereits die Herausgeber des Bandes „Whose American Revolution Was It?" beschäftigt hat: Wessen Unabhängigkeit soll hier gefeiert werden? Wer sind die Idole dieses Ereignisses? Wie kann ein Programm aussehen, das rückblickend dem Ereignis der Staatsgründung multiperspektivisch allen Bevölkerungsgruppen, Staatsbürgerinnen und -bürgern gleichermaßen gerecht wird? Ob dies gelingen kann und wird, bleibt abzuwarten.

Heike Paul: „Erinnerungskultur zwischen Hegemonialgeschichte und Pluralismus" (11.06.2021); https://www.bpb.de/internationales/amerika/usa/334753/erinnerungskultur-zwischen-hegemonialgeschichte-und-pluralismus [letzter Zugriff: 25.10.2021].

1. a) ●●○ Erläutern Sie die Bedeutung des Unabhängigkeitstages für die Vereinigten Staaten.
b) ●●● Arbeiten Sie die Kontroversen und strittigen Punkte um den 4. Juli heraus und setzen sich mit ihnen auseinander.
c) ●●● Recherchieren Sie, wie gegenwärtig der Unabhängigkeitstag gefeiert wird.
→ Text, M4, Internet

Der 3. Mai in Polen – Tag der Verfassung

M1 ***Verfassung vom 3. Mai 1791***
Historiengemälde von Jan Matejko (1838–1893).
Die Szene zeigt den polnischen König Stanisław August zusammen mit Mitgliedern des Großen Sejm [Teil des Parlaments] und Einwohnern von Warschau nach dem Erlassen der Verfassung.

In Polen werden zwei Nationalfeiertage begangen: Am Unabhängigkeitstag, dem 11. November, feiern die Polinnen und Polen die Unabhängigkeit ihres Landes, welche am 11. November 1918 nach 123 Jahren Fremdherrschaft wieder erlangt wurde. Der Tag der Verfassung wird am 3. Mai gefeiert. Diesen Nationalfeiertag richtete man zu Ehren der ersten Verfassung Polens ein, die am 3. Mai 1791 erlassen wurde. Die Verfassung der „Königlichen Republik der polnischen Krone und des Großfürstentums Litauen" gilt als die erste demokratische Verfassung Europas und ist die zweite moderne Verfassung nach der Verfassung der Vereinigten Staaten.

Die polnische Verfassung nahm Ideen französischer Aufklärer wie Rousseau und Montesquieu auf, zu denen die Volkssouveränität und die Gewaltenteilung zählten. Sie griff zudem vorhandene politische Rechtstraditionen zum Schutz der individuellen Freiheit vor königlichen Eingriffen auf, die bis ins 15. Jahrhundert zurückreichten. Die polnische Maiverfassung stand in starkem Gegensatz zur absoluten Herrschaft in den benachbarten Monarchien Österreich, Preußen und Russland, die keine Verfassung besaßen.

Die von dem polnischen König Stanisław August Poniatowski mit Vertretern des Parlaments erlassene Verfassung konnte allerdings nicht mehr umgesetzt werden. Bereits 1792 kam es zum Krieg mit Russland, Polen wurde nach der ersten Teilung (1772) im Jahr 1793 zum zweiten Mal geteilt. Nach der dritten Teilung im Jahr

1795 verschwand Polen für 123 Jahre von der politischen Landkarte.

Das Ziel der Verfassung, durch weitreichende Reformen den Staat zu festigen, indem man auf der einen Seite Privilegien des Adels verringerte und auf der anderen Seite dem Bürgertum politische Rechte und den leibeigenen Bauern größere Rechtssicherheit zugestand, war gescheitert.

Die Verfassung wurde zwar in ihrer Zeit nicht umgesetzt, blieb aber im Gedächtnis des polnischen Volkes verankert. Sie erhielt eine national überhöhte Funktion als hoffnungsvolles Symbol auf einen eigenen, unabhängigen polnischen Staat. Als 1918 wieder ein polnischer Staat entstand, führte man als Nationalfeiertag den „Tag der Verfassung von 1791" ein. Abgeschafft wurde der Feiertag von den Nationalsozialisten, auch in der sozialistischen Volksrepublik Polen gedachte man des Verfassungstages nicht. Der „Tag der Verfassung von 1791" wurde jedoch nicht vergessen. Polnische Demonstranten protestierten ab den 1970er-Jahren am 3. Mai gegen die sozialistische Regierung. Nach dem politischen Umbruch in Osteuropa wurde 1990 der „Tag der Verfassung" wieder zum Nationalfeiertag erklärt.

Die Teilung Polens 1772–1795

0 150 300 450 km

Polnische Staatsgebiete abgetreten an
- Preußen
- Russland
- Österreich

- Staatsgrenze
- Grenze des ehemaligen Polen von 1772

M2

M3 ***Feiern zum Verfassungstag 2018***

Parade einer Gruppe der polnischen Kavallerie auf dem Marktplatz in Posen anlässlich der Feiern zum Verfassungstag, Foto, 3. Mai 2018.

Der 3. Mai in Polen – Tag der Verfassung

M4 Was wir von der ältesten Verfassung Europas lernen können

Jolanta Róża Kozłowska, Botschafterin der Republik Polen in Österreich, und Donatas Kušlys, Botschafter der Republik Litauen in Österreich äußern sich am 04.05.2021 zu der aktuellen Bedeutung der polnischen Maiverfassung 2021:

Gestern vor genau 230 Jahren, am 3. Mai 1791, definierte die Regierungsverordnung das politische System der Königlichen Republik der polnischen Krone und des Großfürstentums Litauen. Sie gilt als die erste (einige Monate vor der französischen), schriftlich niedergelegte Verfassung in Europa und die zweitälteste der Welt nach der Verfassung der USA. Sie verkörpert einen wichtigen Teil des polnischen und litauischen Nationalbewusstseins sowie vieler anderen Völker der Rzeczpospolita [Republik]. Diese Verfassung wird als Beweis für das Erreichen eines Gipfelpunkts in der politisch-rechtlichen Entwicklung der Ersten Republik Polen, einer staatlichen Realunion zweier Länder, angesehen. Aus diesem Grund wurde der 3. Mai zum wichtigsten Nationalfeiertag Polens erklärt, ein Gedenktag, der auch in Litauen feierlich begangen wird. [...]

Die erste moderne Verfassung Europas stützte sich auf den Aufklärungsgedanken. Dadurch sollte nicht nur der Staat saniert, sondern auch sein politisches System modernisiert und für die Zukunft gestärkt werden. Im Gegensatz zum österreichischen, preußischen und russischen Staatswesen wollte man keine absolute Monarchie etablieren, sondern ein neues Konzept einführen, das die Rechte des Königs einschränkte und die Befugnisse des aus dem Adel bestehenden Sejm [Teil des Parlaments] stärkte.

Außerdem wurde eine praktische Lösung auf der administrativen Ebene durch die Einrichtung eines Gesetzesschutzorgans und staatlicher Kommissionen – vergleichbar mit modernen Ministerien – vorgesehen. Die Gewaltenteilung stützte sich auf das Konzept von Montesquieu und wurde mittels Statuten und Dekreten innerhalb weniger Monate ab Mitte 1791 bis Mitte 1792 in der gesamten Rzeczpospolita konsequent eingeführt. Besonders erwähnenswert ist, dass man es in dieser Zeit auch geschafft hat, die gegenseitigen Beziehungen der polnischen und litauischen Institutionen im Rahmen des neugestalteten konstitutionellen Systems zu definieren. Dieses Einvernehmen wurde durch den Sejm am 20. Oktober 1791 einstimmig beschlossen und dem gemeinsamen rechtlichen Fundament in Form der sogenannten „Gegenseitigen Verbürgung Beider Nationen" hinzugefügt. Dieses für beide Teile der polnisch-litauischen Monarchie außerordentlich wichtige Ereignis trug den Bemühungen beider Völker Rechnung, den gemeinsamen, auf einer Union basierenden Staat zu erhalten.

Die Hauptverfasser der Verfassung vom 3. Mai – König Stanisław August Poniatowski, Ignacy Potocki, Hugo Kołłątaj und Stanisław Małachowski – beabsichtigten keine Einschränkung der republikanischen Freiheit der Rzeczpospolita. Ihr Ziel war vielmehr, sie zu modernisieren, auszuweiten und abzusichern. Ihr Hauptertolg bestand in der Erarbeitung einer Kompromisslösung, die vom Sejm und dem Adel akzeptiert wurde. [...]

Aus der Perspektive von fast zweieinhalb Jahrhunderten sollte man sich die Bedeutung dieses Rechtsdokument für Polen, Litauen und Europa sowohl aus historischer als auch zeitgenössischer Sicht vor Augen halten. [...] Diese von der Geschichte fast vergessene Pionierleistung der polnischen und litauischen Politik kann zur Reflexion anregen. Denn die wichtigsten Botschaften sind der Freiheitsinn und der Solidaritätsgedanke – Werte, die bei Polen, Litauern und anderen Völkern unseres Teils von Europa einen hohen Stellenwert genießen. Genau diese Grundpfeiler kennzeichnen das Gewicht und die Zeitlosigkeit der Verfassung vom 3. Mai. Sie stellt die Fähigkeit, gemeinsam eine bessere Zukunft bauen zu können, unter Beweis und kann zurecht als Inspiration für ganz Europa bezeichnet werden.

Jolanta Róża Kozłowska, Donatas Kušlys: „Was wir von der ältesten Verfassung Europas lernen können. Gastkommentar"; in: Die Presse (04.05.2021); https://www.diepresse.com/5974935/was-wir-von-deraltesten-verfassung-europas-lernen-konnen [letzter Zugriff: 25.10.2021].

1. a) ●●○ Beschreiben Sie die Besonderheiten der polnischen Verfassung und erläutern Sie die Gründe dafür, dass man in Polen der Verfassung mit einem Nationalfeiertag gedenkt.

b) ●●● Untersuchen Sie die Deutung der Verfassung, die in dem Gemälde von Jan Matejko (M1) zum Ausdruck gebracht wird.

c) ●●● Setzen Sie sich mit dem Vorschlag der Botschafter Kozłowska und Kušlys (M4) auseinander, die Maiverfassung von 1791 könne das gegenwärtige Europa inspirieren.

d) ●●● Recherchieren Sie, wie gegenwärtig der Verfassungstag in Polen begangen wird.

→ Text, M1, M3, Internet

11. August – Verfassungstag der Weimarer Republik

M1 Verfassungstag 1922
Reichspräsident Friedrich Ebert und Reichskanzler Joseph Wirth schreiten anlässlich des Verfassungstages eine Ehrenformation der Reichswehr ab, Foto, 11. August 1922.

Gedenktage im Kaiserreich

Das Deutsche Kaiserreich besaß keinen offiziellen Feiertag – gefeiert wurde dennoch. Der Geburtstag des Kaisers Wilhelm II. etwa wurde am 27. Januar mit Militärparaden, Reden, Festtagsessen begangen. In den Aulen der Schulen trugen die Schülerinnen und Schüler ihm zu Ehren Gedichte, Lieder und Theaterstücke vor. Eine große landesweite Bedeutung besaß zudem der Tag von Sedan, der 2. September. Am 2. September 1870 errangen die deutschen Truppen den entscheidenden Sieg im deutsch-französischen Krieg. Doch der Sedantag wurde nicht als amtlicher nationaler Feiertag ausgerufen, noch fand er aufgrund seines preußisch-militaristischen Charakters Anerkennung in allen Teilen der Bevölkerung.

Verfassungstag in der Weimarer Republik

Mit Ende des Kaiserreichs und Beginn der Weimarer Republik endeten die offiziellen und öffentlichen Feiern zum Geburtstag des Kaisers und des Tags von Sedan. Als Nationalfeiertag rief die Regierung 1921 den 11. August aus. An diesem Tag wurde 1919 die neue Reichsverfassung unterzeichnet, die am 14. August 1919 in Kraft trat. Der Verfassungstag sollte als identitätsstiftender Nationalfeiertag begangen werden, erhielt jedoch nicht den Status eines gesetzlichen Feiertages. Die Feste an diesem Tag sollten künstlerisch und staatstragend sein und eine enge Verbundenheit zwischen Volk und Staat zum Ausdruck bringen. So öffnete der Berliner Reichstag an diesem Tag seine Türen und in seiner Nähe fand ein Volksfest mit Militärkapelle statt. Allerdings konnte sich der 11. August als identitätsstiftender Nationalfeiertag nicht etablieren. Unter den Nationalsozialisten fanden keine Feiern zum Verfassungstag mehr statt.

M2 Verfassungstagsmünze von 1929
Anlässlich des Verfassungstages wurden sogenannte Verfassungsmünzen herausgegeben, 1922 z.B. in einer Auflage von 50 Millionen Stück, Nachzeichnung.

Verfassungstag der Weimarer Republik

M3 Verfassungsschwindel

In seiner Satire lässt sich Kurt Tucholsky unter seinem Pseudonym Ignaz Wrobel über die Weimarer Verfassung aus (1926):

Auf meinen Angriff gegen die neurepublikanische Verlogenheit hat mir – neben vielen Andern – ein Reichsbannerführer [Reichsbanner = Wehrverband zum Schutz der Republik] einen vornehmen und sachlichen Entgegnungsbrief geschrieben, worin er mir erklärt, warum das Reichsbanner zur deutschen Verfassung steht. Der Verfassungstag liege zwar in den Schulferien, verhindere also so die wichtigste Propaganda: nämlich die republikanische Beeinflussung von Kindern – aber das mache nichts. „Wir stehen und fallen mit dieser Verfassung." Na, da fallt man.

Eine Verfassung ist, so sie diesen Namen überhaupt verdient, der Extrakt aller Grundgesetze, staatlicher Einrichtungen, wichtigster Praxis des Landes. Diese da ist ein Hütchen, das sich ein gänzlich ungewandelter Koloss spaßeshalber aufs linke Ohr setzt – eine Papiertüte zum politischen Bockbierfest und für höhere Feiertage. Bei der Arbeit nimmt man sie ab.

Denn nicht eher ist an eine ehrliche Wandlung Deutschlands zu glauben, als bis diese Wandlung sich da zeigt, wo sie am allerschwersten durchzusetzen ist: in den kleinen Zellen der Gemeinschaft, im Dorf, im Schulzenamt, in der Reichswehrkompagnie, im Konferenzzimmer der Schule, im Direktorialzimmer der Fürsorgeanstalt – da, nicht in der Verfassung. Da, nicht im Oberbau des Reichs, pulst das Leben schlägt der Takt des Daseins, da leben und leiden Menschen – nur da. Und wie sieht es da aus –? Ungewandelt.

Für den Häftling ist sein Gefangenenwärter und der Direktor die Reichsverfassung; für den Fürsorgezögling: der Leiter der Anstalt; für den Referendar: der Amtsrichter der ersten Station und später irgendein Landgerichtspräsident – höher hinauf reicht ihrer Aller Erleben nicht, und ein sogenannter republikanischer Minister in Berlin kann die in Gumbinnen nicht trösten. Tatsächlich ist die Autorität der sabotierenden, autokratischen, wilhelminischen, größenwahnsinnigen Beamten und Vorgesetzten aller Art nicht gebrochen, sondern gestärkt.

Hier zeigt sich die ganze Machtlosigkeit der gutwilligen und die ganze Macht der böswilligen Republikaner. Staatsformen sind viel eher diskutierbar als die wirkliche Reform auf einem Gutshof, und eher kann man den berüchtigten Ebert-Artikel 48 der Reichsverfassung ändern als die Machtvollkommenheit eines Gutsinspektors oder eines Anstaltsarztes. Wer das am wenigsten von Allen einsieht, ist diese Volksvertretung, die so ganz in ihren lächerlichen Geschäftchen aufgeht.

Kurt Tucholsky (Ignaz Wrobel): „Verfassungsschwindel"; in: Die Weltbühne Nr. 43, 26.10.1926, S. 646ff.

M4 *„Verfassungsfeier"*

„Ich habe ja nichts gegen die sogenannte Sonne der Republik, aber ich will mich wenigstens im angestammten Schatten erholen." Karikatur (Ausschnitt) aus dem „Simplicissimus," 1927 (Jg. 32), Heft 20, Seite 264

1. a) ●●○ Erläutern Sie die Gründe dafür, dass die Weimarer Regierung den Verfassungstag zum Nationalfeiertag erklärte.

b) ●●○ Analysieren Sie die Texte und Bilder und arbeiten Sie die Gründe dafür heraus, dass der Verfassungstag sich nicht als identitätsstiftender Tag in der Weimarer Republik etablieren konnte.

c) ●●● Am 23. Mai 1949 wurde das Grundgesetz der Bundesrepublik Deutschland erlassen. Diskutieren Sie, ob man in der Bundesrepublik den Tag des Grundgesetzes als nationalen Feiertag begehen sollte.

→ Text, M1 – M4

Der 9. November in Deutschland

Der 9. November – Ein besonderes Datum der deutschen Geschichte

Kein anderer Tag in der deutschen Geschichte ist so „merkwürdig“ wie der 9. November. Über Generationen hinweg waren immer wieder bedeutsame historische Ereignisse mit diesem Datum verbunden, sodass es rückblickend als eine Art „Schicksalstag der Deutschen“ erscheint. Der 9. November gemahnt einerseits an Unrecht, Unmenschlichkeit und Verbrechen, andererseits steht er aber auch für Demokratie und Emanzipation. Nachfolgend werden einige Ereignisse der jüngeren deutschen Geschichte dargestellt, die zu diesem Datum gehören.

9.11.1848: Hinrichtung des Politikers und Publizisten Robert Blum (1807 – 1848), der als Akteur des Paulskirchenparlaments ein Vordenker und Wegbereiter einer freiheitlich-demokratischen Grundordnung war. Blum gilt als eine zentrale Gestalt der deutschen Demokratie- und Freiheitsgeschichte. Seine Erschießung symbolisiert die gescheiterte Revolution von 1848/49.

9.11.1918: Demokratische Revolution in Berlin mit Ausrufung einer deutschen Republik durch den SPD-Politiker Philipp Scheidemann. Die ebenfalls an diesem Tag von Karl Liebknecht ausgerufene sozialistische Republik konnte sich nicht durchsetzen; der kommunistisch geprägte Spartakusaufstand wurde niedergeschlagen. Als Ergebnis der Novemberrevolution entstand mit der Weimarer Republik die erste deutsche Demokratie.

9.11.1923: Im Hitler-Ludendorff-Putsch versuchten die Nationalsozialisten von München aus die Republik zu stürzen. Der Putschversuch scheiterte, Hitler wurde zu fünf Jahren Festungshaft verurteilt, jedoch nach nur neun Monaten wieder entlassen. In der NS-Zeit wurde der 9. November zu einem nationalsozialistischen Gedenktag.

9.11.1938: Vor allem SA-Truppen führten in der Nacht vom 9. auf den 10. November 1938 gewalttätige Übergriffe auf die jüdische Bevölkerung Deutschlands aus. Dabei wurden zahllose Wohnungen verwüstet, mindestens 8000

M1 *Erschießung des Revolutionärs Robert Blum am 9. November 1848 bei Wien*
Kolorierte Lithografie von A. Fay, um 1848/49

M2 *Novemberrevolution*
Foto, Berlin, 9. November 1918

M3 *Hitlerputsch*
„Stoßtrupp“ der NSDAP in München am 8./9. November 1923, Foto

M4 ***Reichspogromnacht***
Brennende Synagoge in Eberswalde (Brandenburg) während der Novemberpogrome 1938. Die systematische Zerstörung fast aller Synagogen in Deutschland vollzog sich vor den Augen der deutschen Öffentlichkeit, Foto, 9./10.11.1938.

M5 ***Fall der Mauer***
Berliner erklettern noch in der Nacht des 9. November die Mauer vor dem Brandenburger Tor, Foto.

Geschäfte zerstört sowie 1200 Synagogen niedergebrannt. Etwa 100 Jüdinnen und Juden wurden getötet. Die brutalen Übergriffe in der Reichspogromnacht gelten als Wendepunkt der nationalsozialistischen Judenverfolgung in Deutschland.

9.11.1989: Während einer Pressekonferenz verkündete das DDR-Politbüro-Mitglied Günter Schabowski überraschend die Öffnung der Mauer. Zur neuen Reiseregelung für DDR-Bürger erklärte Schabowski auf Nachfrage, dass diese „unverzüglich" in Kraft trete. Unmittelbar darauf begaben sich Tausende Ostberliner an einen Grenzübergang nach Westberlin (Bornholmer Straße), der schließlich von den Grenzsoldaten geöffnet wurde: Die Mauer war gefallen.

Diese Daten stellen nur eine Auswahl dar. Recherchiert man im Internet, so lassen sich zahlreiche weitere Ereignisse finden, die an einem 9. November stattgefunden haben.

Der 9. November – Gedenk- und Feiertag?

Der 9. November ist ohne Zweifel ein Tag des Gedenkens. Zum nationalen Feiertag wurde er indes nicht bestimmt: In der politischen Auseinandersetzung 1990 setzte sich der 3. Oktober gegenüber dem 9. November durch. Zur Diskussion standen zudem der 17. Juni als „Tag der deutschen Einheit", der in der alten Bundesrepublik Nationalfeiertag war, der 23. Mai als Verfassungstag, an dem 1949 das Grundgesetz verkündet wurde, und der 7. Oktober, an dem die DDR den Tag der Republik feierte. Zwar wäre der 9. November als Tag des Mauerfalls auch ein mögliches Datum für einen Nationalfeiertag gewesen, jedoch ist der Tag aufgrund des Hitler-Ludendorff-Putsches von 1923 und der Novemberpogrome von 1938 historisch zu sehr belastet.

1. **a)** ●●● Recherchieren Sie zu den genannten Ereignissen des 9. Novembers und ordnen Sie diese in den Kontext der jüngeren deutschen Geschichte ein.
b) ●●○ Arbeiten Sie die Argumentation der Historikerin Tworek und dem Historiker Weber (M6) heraus und stellen Sie dar, warum der 9. November nicht als Schicksalstag der Deutschen angesehen werden sollte.
c) ●●● Untersuchen Sie, wie im letzten Jahr der Ereignisse des 9. Novembers gedacht wurde.
d) ●●● Entwickeln Sie ein Konzept zum Umgang mit dem 9. November als deutschem Gedenktag.
→ Text, M1–M6, Internet

Der 9. November in Deutschland

M6 Das Märchen vom Schicksalstag

Die Historikerin Heidi Tworek und der Historiker Thomas Weber führen Folgendes zum 9. November aus:

Der 9. November ist der „Schicksalstag“ der Deutschen, so die Stilisierung der Sinnstifter der Berliner Republik. Er sei ein kritischer Nachdenktag über die Vergangenheit, der die Genese des modernen, demokratischen Deutschlands erkläre und Demokratie lehre. Alles sehr ehrenwert, in Wahrheit jedoch vermittelt der „Schicksalstag“ ein politisch genehmes, wissenschaftlich zweifelhaftes Geschichtsbild, das im Jahr 2014 zu immer mehr geschichtspolitischen und gesellschaftlichen Spannungen führt.

Die 9. November der Jahre 1848, 1918, 1923, 1938 und 1989 werden von den Volkspädagogen Deutschlands in eine Reihe gestellt, als ob die jeweiligen Ereignisse rein zufällig am 9. November vom Himmel geregnet seien, oder als ob deren Aneinanderreihung unweigerlich und gottgegeben sei: Schicksal eben.

Tatsächlich handelt es sich um eine mythenbeladene Inszenierung von Kontinuitäten der deutschen Geschichte durch einflussreiche westdeutsche Geschichtsdeuter aus der Dekade [Jahrzehnt] nach dem Fall der Mauer. Hierbei wurde eine Geschichte erzählt, die identitätsstiftend und programmatisch für das neue, vereinte Deutschland sein sollte. In der Form eines Märchens mit Happy End wird die Geschichte erzählt, wie Deutschland nach dem Sündenfall endlich am Ziel, im Westen, angekommen sei. Doch diese Geschichte steht mit den Lebenserfahrungen vieler Ostdeutscher in Konflikt und listet den 9. November 1989 nur „unter ferner liefen“.

Auch steht sie in Opposition zu neueren Ergebnissen der historischen Forschung. Sie suggeriert deutschen Schülern die vermeintlich wichtigsten Wendepunkte der deutschen Geschichte und verstellt den Blick auf ebenso bedeutende Wendepunkte. Ferner ist sie mit ihrem Glauben an das Primat der Strukturgeschichte, die gelegentlich von großen Wendepunkten unterbrochen wird, blind dafür, dass die größten Veränderungen nicht nur durch große Ereignisse geschehen.

Viel öfter sind viele der wichtigsten Transformation Resultat des kumulativen Effekts einer Unzahl kleiner und inkrementeller [schrittweise erfolgender] Veränderungen, Entscheidungen und sozialer Interaktionen, die unter dem Deckmantel scheinbarer Stabilität oder Stasis [Stillstand] stattfinden. Das Resultat: Der Fokus auf die 9. November der Jahre 1848, 1918, 1923, 1938 und 1989 bringt ein historisch arg fragwürdiges Narrativ [Geschichtserzählung] über das Entstehen des modernen Deutschlands hervor.

Noch bedenklicher ist, dass unter den Teppich gekehrt wird, dass der 9. November als Schicksalstag der Deutschen eine Inszenierung der NS-Propaganda ist. Schon in den Zwanzigerjahren sprach Hitlers Chefideologe Alfred Rosenberg vom 9. November als „Schicksalstag“. In seiner Endform bestand er aus einer Aneinanderreihung der 9. November der Jahre 1918, 1923 und 1938. Der 9. November als Schicksalsdatum der Deutschen ist also weder gott-, noch zufall-, sondern nazigegeben.

Nun fiel die Ausrufung der Revolution 1918 rein zufällig auf den 9. November. Hitlers Putsch am 9. November 1923 und Goebbels Reichspogromnacht am 9. November 1938 benutzten hingegen ganz bewusst die Symbolkraft des Tages der Novemberrevolution, um für ein Deutschland zu mobilisieren, das den 9. November 1918 ungeschehen machen würde.

Sowohl der 9. November 1923 als auch der 9. November 1938 markieren im Grunde nationalsozialistisches Scheitern. Hier des ersten Machtergreifungsversuchs, dort der bisherigen Judenpolitik. NS-Propagandisten interpretierten beide Daten aber geschickt um in Symbole der nationalsozialistischen Hoffnung; sie sollten lehren, Hitlers neues Deutschland leidenschaftlicher und entschiedener zu unterstützen.

Die NS-Choreographie der Inszenierung des 9. Novembers als Schicksalstag der Deutschen war ähnlich wirkungsmächtig wie die der Filme Leni Riefenstahls. Und wir sitzen bis heute in weiten Strecken der nationalsozialistischen Choreographie des 9. Novembers auf.

Keine Frage: Die Ziele der 9. November-Sinnstifter der Neunzigerjahre sind ehrenwert, die der Sinnstifter der Nationalsozialisten finster. Dennoch handelt es sich in beiden Fällen um Instrumentalisierungen des 9. Novembers als Schicksalstag der Deutschen. Und beide Narrative sind voller Mythen.

Heidi Tworek, Thomas Weber: „Der 9. November. Das Märchen vom Schicksalstag“; in: F.A.Z. (08.11.2014); © Alle Rechte vorbehalten. Frankfurter Allgemeine Zeitung GmbH, Frankfurt. Zur Verfügung gestellt vom Frankfurter Allgemeine Archiv; https://www.faz.net/aktuell/feuilleton/warum-die-wahldes-9-november-zum-gedenktag-falsch-ist-13253194.html?printPagedArticle=true#pageIndex_2 [letzter Zugriff: 25.10.2021].

3. Oktober – Tag der Deutschen Einheit

M1 ***Friedliche Revolution***
Massendemonstration in Ostberlin, Foto, 4. November 1989

Der Weg zur Einheit

Der Vereinigung der beiden deutschen Staaten ging die Friedliche Revolution in der DDR 1989 voraus. Unter den Schlagworten „Glasnost" und „Perestroika" setzte Michail Gorbatschow als Generalsekretär der sowjetischen kommunistischen Partei ab 1986 eine neue Politik der Offenheit um und ermöglichte weitreichende politische Reformen in den Staaten des Warschauer Pakts. Ab Spätsommer 1989 kam es besonders in Leipzig zu immer größeren Versammlungen und Protestzügen, den Montagsdemonstrationen. Die Menschen auf der Straße forderten politische Reformen sowie Reise-, Versammlungs- und Vereinigungsfreiheit. Die Forderung nach politischer Mitbestimmung wurde besonders in dem Ruf „Wir sind das Volk!" deutlich gemacht. Nach dem Mauerfall am 9. November änderte er sich zu „Wir sind ein Volk!". In dieser Umformung wurde der lange nicht für möglich gehaltene Wunsch nach einer deutschen Einheit zum Ausdruck gebracht. Möglich und beschleunigt wurde der Weg zur Einheit durch die Volkskammerwahl am 18. März 1990. Aus der ersten freien Wahl in der DDR gingen die Parteien der „Allianz für Deutschland" mit der CDU als stärkster Kraft als Sieger hervor. Diese Allianz stand für eine schnelle Wiedervereinigung und die Einführung der sozialen Marktwirtschaft. Des Weiteren klärten die USA, Großbritannien, Frankreich und die Sowjetunion als Siegermächte des Zweiten Weltkriegs in den Zwei-plus-Vier-Gesprächen mit den beiden deutschen Staaten die nötigen außenpolitischen Fragen und die Bündniszugehörigkeit eines gesamtdeutschen Staates. Besonderes Augenmerk lag in diesem Verhandlungen auf der Haltung der Sowjetunion. Gorbatschow gab seine Zustimmung zur Deutschen Einheit und ließ zu, dass ein vereinigtes Deutschland seine volle und uneingeschränkte Souveränität erhalten solle. Auch stimmte er der NATO-Mitgliedschaft zu.

M2 ***„Wir sind ein Volk"***
Demonstrant in Ostberlin, 9. Dezember 1989

Wirtschaftlich wurde die Einheit am 18. Mai 1990 durch den Vertrag über die Schaffung einer Wirtschafts-, Währungs- und Sozialunion vorbereitet. Der Vertrag führte dazu, dass die DDR ab dem 1. Juli 1990 im Wesentlichen die Wirtschafts- und Rechtsordnung der Bundesrepublik Deutschland einführte und die D-Mark das einzige Zahlungsmittel in der DDR wurde. Es folgte am 23. August 1990 der Beschluss der Volkskammer, dem Geltungsbereich des Grundgesetzes nach Art. 23 des Grundgesetzes der Bundesrepublik beitreten zu wollen. Am 31. August 1990 wurde der „Vertrag zwischen der Deutschen Demokratischen Republik und der Bundesrepublik Deutschland über die Herstellung der Einheit Deutschlands", abgekürzt als „Einigungsvertrag", unterzeichnet und damit die Auflösung der DDR durch ihren Beitritt zur Bundesrepublik Deutschland geregelt. Am 3. Oktober 1990 trat die DDR der Bundesrepublik Deutschland bei und der Prozess der Wiedervereinigung kam auf diese Weise zu seinem formalen und rechtlichen Abschluss.

Der 3. Oktober als Tag der Deutschen Einheit

Im Einigungsvertrag setzte man in Artikel 2,2 fest: „Der 3. Oktober ist als Tag der Deutschen Einheit gesetzlicher Feiertag." Die Festlegung auf den 3. Oktober als gesetzlichen nationalen Feiertag führte zum Wegfall der bisherigen nationalen Feiertage. In der Bundesrepublik gedachte man am Tag der Deutschen Einheit am 17. Juni des Volksaufstandes in der DDR am 17. Juni 1953, in der DDR beging man am 7. Oktober den Tag der Republik.

Als nationaler Feiertag war der 9. November, also der Tag des Mauerfalls, in der Diskussion. Allerdings fällt dieser Tag unter anderem auch auf die Reichspogromnacht von 1938, sodass man sich gegen den 9. November entschied. So wurde der Tag, an dem die deutsche Einheit Wirklichkeit wurde, zum einzigen gesetzlichen gesamtdeutschen Feiertag, der durch ein Bundesrecht geregelt ist. Die übrigen Feiertage sind Ländersache. Ungeachtet dieser Festlegung reißen die Kontroversen um den 3. Oktober als nationalen Feiertag nicht ab.

Gefeiert wird der Tag der Deutschen Einheit bundesweit, indem vor dem Reichstagsgebäude in Berlin und an den obersten Bundesbehörden und den dazugehörigen Körperschaften, Anstalten und Stiftungen des öffentlichen Rechts Flaggen gehisst werden. Die offizielle Feier findet in der Landeshauptstadt desjenigen Bundeslandes statt, das im laufenden Jahr den Vorsitz im Bundesrat besitzt. Durch die Feiern will man die staatliche Einheit festigen und das Zusammengehörigkeitsgefühl der Deutschen fördern. Ob und inwieweit diese Vorhaben tatsächlich umgesetzt wurden und umzusetzen sind, wird jedes Jahr aufs Neue diskutiert.

M3 *„Uff!"*
Karikatur von Rolf Henn, 5.10.1990

M4 ***„Tag der Deutschen Einheit" 2017***
Die Flaggen der 16 deutschen Bundesländer wehen am Tag der Deutschen Einheit im Tal der Loreley in Rheinland-Pfalz, Foto, 3.10.2017

1. a) ●●○ Stellen Sie dar, wie der 3. Oktober als Tag der Deutschen Einheiten zum nationalen Feiertag wurde.
   b) ●●○ Untersuchen Sie die Reden der Bundespräsidenten zum Tag der Deutschen Einheit (M5) und arbeiten Sie heraus, inwiefern sie in ihren Ausführungen Geschichtspolitik betreiben.
   → Text, M1 – M5, Internet

3. Oktober – Tag der Deutschen Einheit

M5 Reden der Bundespräsidenten zum „Tag der Deutschen Einheit" am 3. Oktober

a) Ansprache von Bundespräsident Richard von Weizsäcker beim Staatsakt zum „Tag der deutschen Einheit", gehalten in Berlin am 3. Oktober 1990:

Aus ganzem Herzen empfinden wir Dankbarkeit und Freude – und zugleich unsere große und ernste Verpflichtung. Die Geschichte in Europa und in Deutschland bietet uns jetzt eine Chance, wie es sie bisher nicht gab. Wir erleben eine der sehr seltenen historischen Phasen, in denen wirklich etwas zum Guten verändert werden kann. Lassen Sie uns keinen Augenblick vergessen, was dies für uns bedeutet.
Es gibt drinnen und draußen drückende Sorgen; das übersehen wir nicht. Vorbehalte unserer Nachbarn nehmen wir ernst. Auch spüren wir, wie schwierig es sein wird, den Erwartungen gerecht zu werden, die uns aus allen Himmelsrichtungen erreichen. Aber wir wollen und werden uns nicht von Ängsten und Zweifeln leiten lassen, sondern von Zuversicht. Entscheidend ist der feste Wille, unsere Aufgaben mit Klarheit zu erkennen und gemeinsam in Angriff zu nehmen. Dieser Wille gibt uns Kraft, die Alltagssorgen ins rechte Verhältnis zu bringen mit unserer Herkunft und Zukunft in Europa.
Zum ersten Mal bilden wir Deutschen keinen Streitpunkt auf der europäischen Tagesordnung. Unsere Einheit wurde niemandem aufgezwungen, sondern friedlich vereinbart. Sie ist Teil eines gesamteuropäischen geschichtlichen Prozesses, der die Freiheit der Völker und eine neue Friedensordnung unseres Kontinents zum Ziel hat. Diesem Ziel wollen wir Deutschen dienen. Ihm ist unsere Einheit gewidmet.
Wir haben jetzt einen Staat, den wir selbst nicht mehr als provisorisch ansehen und dessen Identität und Integrität von unseren Nachbarn nicht mehr bestritten wird. Am heutigen Tag findet die vereinte deutsche Nation ihren anerkannten Platz in Europa.
Was dies heißt, erkennen wir an der Bedeutung von Grenzen. Kein europäisches Land hat so viele Nachbarn wie wir. Durch Jahrhunderte ist wegen der Grenzen Gewalt angewendet und unendlich viel Blut vergossen worden. Jetzt leben alle unsere Nachbarn und wir selbst in gesicherten Grenzen. Sie sind nicht nur durch den Verzicht auf die Anwendung von Gewalt geschützt, sondern durch die tiefe Einsicht in ihre veränderte Funktion. Unsäglich hart für die Menschen war der erzwungene Heimatverlust. Neuer Streit um Grenzen aber verliert jeden Sinn. Um so zündender ist das Verlangen, ihnen ihren trennenden Charakter zu nehmen. Alle Grenzen Deutschlands sollen Brücken zu den Nachbarn werden. Das ist unser Wille. [...]
Heute, liebe Landsleute, begründen wir unseren gemeinsamen Staat. Wie gut uns die Einheit menschlich gelingt, das entscheiden kein Vertrag der Regierungen, keine Verfassung und keine Beschlüsse des Gesetzgebers. Das richtet sich nach dem Verhalten eines jeden von uns, nach unserer eigenen Offenheit und Zuwendung untereinander. Es ist das „Plebiszit eines jeden Tages" (Renan), aus dem sich der Charakter unseres Gemeinwesens ergeben wird.
Ich bin gewiß, dass es uns gelingt, alte und neue Gräben zu überwinden. Wir können den gewachsenen Verfassungspatriotismus der einen mit der erlebten menschlichen Solidarität der anderen Seite zu einem kräftigen Ganzen zusammenfügen.
Wir wissen, wie viel schwerer es andere Völker auf der Erde zur Zeit haben. Wir haben den gemeinsamen Willen, die großen Aufgaben zu erfüllen, die unsere Nachbarn von uns erwarten. Die Geschichte gibt uns die Chance. Wir wollen sie wahrnehmen, mit Zuversicht und mit Vertrauen. Und die Freude, wir haben es gestern Abend gehört, die Freude, die wir empfinden, sie ist ein Götterfunken.

Richard von Weizsäcker: „Ansprache von Bundespräsident Richard von Weizsäcker beim Staatsakt zum ‚Tag der deutschen Einheit'" (03.10.1990); https://www.bundespraesident.de/SharedDocs/Reden/DE/Richard-von-Weizsaecker/Reden/1990/10/19901003_Rede.html [letzter Zugriff: 25.10.2021].

b) Rede zum Festakt zum Tag der Deutschen Einheit von Bundespräsident Frank-Walter Steinmeier, gehalten in Potsdam am 3. Oktober 2020:

Ja, wir leben heute im besten Deutschland, das es jemals gegeben hat. Lassen Sie uns all jenen danken, die daran mitgewirkt haben, mitgearbeitet haben! Freuen wir uns gemeinsam daran! Und vor allem: Bauen wir darauf für eine gute Zukunft!
Darauf die Zukunft bauen, das müssen wir. Denn so viel steht fest: Unsere Zukunft erschöpft sich nicht allein in der Fortschreibung einer gelungenen Gegenwart. Corona hat uns Demut gelehrt. Der Klimawandel fordert unsere Lebensweise grundsätzlich heraus. Alte Allianzen werden schwächer, die Welt ist unsicherer geworden. Viele Selbstverständlichkeiten, mit denen wir Jahre und Jahrzehnte gelebt haben, sind keine mehr.

Worauf es mir ankommt: Demut heißt eben nicht Resignation oder Mutlosigkeit. Im Gegenteil. Mut brauchen wir jetzt, und wir dürfen ihn haben – genau wie vor dreißig Jahren und in den letzten dreißig Jahren. Warum sollten gerade wir Glückskinder in der Mitte Europas mutlos sein? Das ist die Frage. Unser Land zeigt in diesen Corona-Zeiten, dass wir zusammenstehen, dass wir stark sind, dass wir verantwortungsvoll handeln. Wir haben wirklich allen Grund, zuversichtlich zu sein. Die Pandemie jedenfalls wird uns die Zukunft nicht nehmen.

Deshalb: Vorsicht, ja. Konzentration auf die Bekämpfung des Virus, ja. Aber wir sollten nicht in Sorge erstarren. Wir sollten unseren Blick auf das richten, was dringend zu tun ist. Die Zukunft nach Corona wird jetzt verhandelt – weltweit: Klima, Digitalisierung, Zusammenhalt. Wir müssen mit dabei sein, wir müssen gut sein und schnell und bereit zum Umdenken. In manchen Fällen zum radikalen Umdenken. Die schmelzenden Pole, die Feuersbrunst in Kalifornien, sie mahnen uns, dass die Zukunft keinen Aufschub duldet. Die Erosion der internationalen Ordnung, die Kräfte, die am vereinten Europa zerren, die neuen Spaltungen in unseren Gesellschaften – überall da sind wir gefordert.

Wir können dabei natürlich bauen auf unsere wirtschaftliche Stärke, den Fleiß der Menschen, ihren Sinn fürs Notwendige, ihre Bereitschaft anzupacken. Und wir können bauen auf die Erfahrungen der Friedlichen Revolution, als die Mauer nicht einfach fiel, sondern zum Einsturz gebracht wurde von Hunderttausenden, die gemeinsam aufgestanden sind für ein besseres Leben. Wir können bauen auf die gewaltige Leistung von 16 Millionen Menschen, deren Leben völlig auf den Kopf gestellt war, die neu anfangen mussten, die neu gelernt, sich neu erfunden haben, die den Umbruch organisiert, den Aufbau geschultert haben. Diesen Mut, diese Tatkraft – das brauchen wir auch heute!

Lassen Sie mich deshalb mit einer Anregung schließen: Wenn es so ist, dass uns die Friedliche Revolution auch heute Ermutigung sein kann, dann schaffen wir doch eine Stätte, die an diesen Mut erinnert! [...] Historisches Erinnern ist niemals Selbstzweck. Die Geschichte kommt zu keinem Ende. Wir müssen heute schmerzlich feststellen: Der Kampf für Freiheit und Demokratie ist nicht gewonnen – nirgendwo auf der Welt. Er geht weiter, fordert uns immer wieder neu. Mein Rat an uns: Nehmen wir diese Herausforderung an! Wir tun es im Wissen um die Erfahrung von 1989, um den Mut und die Entschiedenheit der Bürgerrechtler und der Friedlichen Revolution. Wir tun es im Wissen um die Kraft der Menschen, die den Aufbau gestemmt haben – im Osten wie im Westen. Schöpfen wir die Kraft für die vielen Aufgaben, die vor uns liegen, aus der Rückbesinnung auf das, was gelungen ist!

Im Jahr 2020 ist die Bundesrepublik Deutschland ein Land, das Ostdeutsche und Westdeutsche, Alteingesessene und Zugewanderte gemeinsam geprägt haben. Es ist ein Land, das aus dem Sieg der Ideen von 1989 die Zuversicht schöpft, dass Verantwortung über Gängelei, dass Freiheit über Unfreiheit triumphiert. Wenn wir uns umschauen in dieser Welt, wenn wir uns umschauen in Europa, dann ist dieses Erbe von 1989 niemals wichtiger als heute.

Frank-Walter Steinmeier: „Festakt zum Tag der Deutschen Einheit" (03.10.2020); https://www.bundespraesident.de/SharedDocs/Reden/DE/Frank-Walter-Steinmeier/Reden/2020/10/201003-TdDE-Potsdam.html [letzter Zugriff: 25.10.2021].

M6 ***„Die Deutsche Einheit 1990 – 2019"***
Karikatur von Horst Haitzinger, 2019

3. Oktober – Tag der Deutschen Einheit

M7 Kritiken am Tag der deutschen Einheit

a) Die Schriftstellerin Julia Schoch erläutert in einer Rede am 3. Oktober 2021, warum der Tag der deutschen Einheit keinen verbindenden Einheitsmythos darstellt:

Vor ein paar Jahren schon hat der Historiker Martin Sabrow geschrieben: Die Einheit hat an Pathos, aber auch an Empörungskraft verloren. Der 3. Oktober ist eher ein Staatsfeiertag anstatt ein Nationalfeiertag, in dem sich die Menschen mit ihrer Lebensgeschichte gespiegelt sähen.

Auch wenn dieser Tage die gemeinsame Erinnerung natürlich oft beschworen wird. In Wahrheit aber hat das Erinnern weder etwas Verbindliches noch etwas Verbindendes. Im Gegenteil, es beweist das Ausmaß unserer Einsamkeit. Das weiß jeder, der mit seiner Gattin oder den Kindern über die Urlaubsreise vor zehn Jahren sprechen will. Von jedem Ereignis gibt es mindestens eine weitere Version, die die eigene vielleicht nicht hinfällig macht, aber doch frustrierend relativ wirken lässt.

Es ist klar: Allein schon die Unterschiedlichkeit des jeweiligen biografischen Moments, in dem das Ereignis der 89er-Revolution und der Einheit von den Menschen erlebt wurde, macht es unmöglich, ein ganzes Volk auf ein gemeinsames Gefühl einstimmen zu wollen. Für den einen war es der lang ersehnte Traum, für den anderen ein gescheitertes Utopieprojekt, für den dritten eine beängstigende Vorstellung, und die allermeisten hatten sich gar nichts gedacht. Allein aus diesem Grund kann es keinen verbindlichen Einheitsmythos geben. Aber hier geht es, glaube ich, noch um eine andere Entwicklung. Vergrößert man das eingangs erwähnte Familienbild auf die Gesellschaft, ließe sich sagen: Kohärente oder wenigstens minimal kohärente Gesellschaften sind solche, die bei allen Meinungsverschiedenheiten zu Omas Neunzigstem doch zuletzt gemeinsam an einem Tisch sitzen und einen Grund zum Feiern sehen.

Viele Indizien sprechen dafür, dass immer weniger Menschen Lust dazu haben. Sie sehen keinen Grund, es zu tun. Nicht etwa aus historischer Scham, wie ich sie in meiner Feierunwilligkeit vor dreißig Jahren verspürt habe. Nein, sie finden sich nicht mehr im Album, sie vermissen ihr Foto, sie kommen ihrer Meinung nach nicht vor in der Erzählung. Wenn jeder nur noch sich und seinen Bedürfnissen gegenübersteht, wenn jeder auf seine persönliche Freiheit pocht, verschwindet das Gegenüber, der Andere. Zu unterschiedlich und in sich zerklüftet die „Gesellschaft“, die schon lange nur noch in Anführungszeichen gedacht werden kann, zu vereinzelt die Hoffnungen, die Absichten und Enttäuschungen. [...]

Und so erinnert mich dieser Tag daran, dass es neben der ewigen Finanzfrage – dem jahrzehntelangen Geschwätz von den Kosten der Einheit – eine viel wichtigere gibt, die sich in keine Statistik zwängen lässt: Was halten wir für unverzichtbar in unser aller Leben außer dem Geld? Was überhaupt ist der Kitt in einem Land, was hält es zusammen?

Julia Schoch: „Warum der 3. Oktober keinen verbindenden Einheitsmythos mehr darstellt“; in: Berliner Zeitung (03.10.2021); https://www.berliner-zeitung.de/wochenende/warum-der-3-oktober-keinen-verbindenden-einheitsmythos-mehr-darstellt-li.185783 [letzter Zugriff: 25.10.2021].

b) Roland Jahn, der letzte Bundesbeauftragte für die Unterlagen des Staatssicherheitsdienstes der DDR, äußert sich in einem Interview zu deutschen Gedenktagen am 17. Juni 2020:

Herr Jahn, heute jährt sich der Volksaufstand in der DDR vom 17. Juni 1953. Das historische Ereignis droht in Vergessenheit zu geraten. In der Bundesrepublik war dies der Nationalfeiertag und bis 1990 der Tag der deutschen Einheit. Welche Bedeutung hat dieser Gedenktag heute noch?

Jahn: Für mich ist der 17. Juni 1953 immer noch einer der wichtigsten Gedenktage in Deutschland. Gerade im dreißigsten Jahr der Deutschen Einheit ist er von besonderer Bedeutung. Die Ereignisse dieses Tages, die Niederschlagung des Volksaufstandes, machen deutlich, dass Freiheit und Demokratie keine Selbstverständlichkeiten sind. Wir sollten auch heute immer noch neu daran erinnern.

Menschen haben das errungen, dass wir heute in einem freien und geeinten Deutschland leben. 1953 wurde der Ruf nach Freiheit und Selbstbestimmung laut. Diese Bewegung führte dann zum Volksaufstand. Damals am 17. Juni 1953 hat begonnen, was 1989 mit der Friedlichen Revolution vollendet worden ist. Die Friedliche Revolution steht in der Tradition des 17. Juni. Das macht Hoffnung, dass Unrecht und Unfreiheit überwunden werden können, wenn es auch manchmal sehr lange dauert. In Deutschland könnten wir uns auch stärker auf die positiven Momente der deutschen Demokratiegeschichte besinnen.

Daran wird aber kaum noch erinnert ...

Jahn: Ich würde mir wünschen, dass wir aus diesem Tag heute und in Zukunft mehr machen. Der 17. Juni sollte ein Tag der lebendigen Demokratie werden. Er sollte genutzt werden, um offene Debatten über unsere Demokratie zu führen. Man könnte ihn auch wieder zu einem Feiertag machen. Der 3. Oktober ist ein Tag, an dem ein Vertrag in Kraft getreten ist. Der 17. Juni ist der wirkliche Feiertag und als Gedenktag wichtiger als der 3. Oktober. Er darf nicht in Vergessenheit geraten. Der 17. Juni ist der Tag, an dem Menschen aufgestanden sind und für ihre Freiheitsrechte gekämpft haben. Das sollten wir gerade in Deutschland würdigen. Am Ende sind die Forderungen der Menschen, die beim Volksaufstand 1953 auf die Straße gegangen sind, verwirklicht worden.

Roland Jahn, Andreas Herholz: „Der 17. Juni ist als Gedenktag wichtiger als der 3. Oktober". Interview mit der Rhein-Neckar-Zeitung – Heidelberger Nachrichten (17.06.2020); zit. n.: https://www.stasi-unterlagen-archiv.de/ueber-uns/der-bundesbeauftragte/interviews/der-17-juni-ist-als-gedenktag-wichtiger-als-der-3-oktober/ [letzter Zugriff: 25.10.2021].

M8 „Ossi – Wessi"
Karikatur von Hans-Jürgen Starke, 1991

M9 „Tag der Deutschen – Einheit"
Karikatur von Schwarwel, 2015

1. a) ●●● Setzen Sie sich mit der Aussage Schochs (M7a) auseinander, dass der Tag der deutschen Einheit keinen verbindenden Einheitsmythos darstellt.

b) ●●● Erörtern Sie folgende These Jahns (M7b): „Der 17. Juni ist der wirkliche Feiertag und als Gedenktag wichtiger als der 3. Oktober."

c) ●●● Analysieren Sie die Karikaturen M3, M6, M8, M9 und M10 und nehmen Sie Stellung zu den jeweiligen Intentionen der Karikaturisten.

→ Text, M1 – M10

3. Oktober – Tag der Deutschen Einheit

M 10 ***„March of the Fourth Reich"***
Britische Karikatur zur Deutschen Wiedervereinigung, 20.02.1990

Einen historischen Gedenktag gestalten

Veranstaltungen und Feiern zu nationalen Gedenktagen werden von Regierungen offiziell organisiert. Darüber hinaus können auch andere Gruppierungen Veranstaltungen zu Gedenktagen gestalten. So feiern Schulen beispielsweise ihre Jubiläen oder gedenken historischer Ereignissen oder Personen. Oft werden die Schülerinnen und Schüler etwa in Form von Projekten an der Planung und Durchführung von Gedenktagen beteiligt. In den folgenden Hinweisen finden Sie die nötigen Schritte für eine Gestaltung eines historischen Gedenktags an einer Schule.

Arbeitsschritte bei der Gestaltung eines Gedenktages

Schritt 1: Historischer Hintergrund

Zu dem Thema des Gedenktags wird der historische Hintergrund umrissen und untersucht. Des Weiteren wird die Bedeutung des historischen Ereignisses oder der Person für die Gegenwart bestimmt.

Schritt 2: Planung und Konzept

Bedeutsame Aspekte und Bereiche, die an dem Gedenktag thematisiert werden sollen, werden festgelegt. Außerdem wird die Gestaltung des Gedenktags als Projekt geplant. Konzeptionell ist die Frage zu klären, welche inhaltlichen und thematischen Schwerpunkte die Veranstaltung haben und wie der Gedenktag begangen werden soll: Was für Produkte wie Plakate, Reden, Podcasts, Filme, Theateraufführung, Erklärvideos etc. sollen entstehen? Organisatorisch werden in einem Zeitplan die Aufgabenverteilungen festgelegt und Termine fixiert.

Schritt 3: Umsetzung und Öffentlichkeitsarbeit

Die Planungen zum Gedenktag werden ausgeführt. Die festgelegten Produkte werden erstellt, die Einhaltung der Termine wird kontrolliert. Ferner findet Öffentlichkeitsarbeit statt, indem man durch Einladungen und „Pressemitteilungen“ auf die Veranstaltung(en) zum Gedenktag hinweist.

Schritt 4: Der Gedenktag findet statt

Die Veranstaltungen zum Gedenktag werden durchgeführt. „Reporter“ achten darauf, wie das „Publikum“ auf die Veranstaltungen und Produkte reagiert.

Schritt 5: Reflexion und Bewertung

Im Anschluss an den Gedenktag werden Planung, Konzept, Durchführung und Veranstaltung zum Gedenktag reflektiert und durch ein konstruktives Feedback bewertet. Eine Pressemitteilung etwa für die Homepage der Schule wird erstellt.

M1 Feier zur Einweihung des Hermannsdenkmals 1875
Ab 1838 wurde nach den Plänen Ernst von Bandels bei Detmold das Hermannsdenkmal erbaut und 1875 eingeweiht, Holzstich nach einer Zeichnung von Knut Ekwall.

M2 Das Hermannsdenkmal
Aktuelle Fotografie

Mythos Hermannsschlacht

„Er war zweifellos der Befreier Germaniens, der nicht die Anfänge des römischen Volkes, wie andere Könige und Führer, sondern das Reich in vollster Blüte herausgefordert hat, in Kämpfen mit wechselndem Erfolg, im Krieg aber unbesiegt." Mit diesen Worten rühmt Tacitus in seinen „Annalen" den Cherusker Arminius als großen Rivalen Roms. Das von Tacitus überlieferte Bild prägt vielfach bis heute die Vorstellungen von den historischen Ereignissen und der Person des Arminius. Lange galt die Niederlage der Römer als Anfang vom Ende ihrer Herrschaft in Germanien, als „Wendepunkt der Geschichte", und Arminius als „Befreier Germaniens".

Allerdings: Was heute über die Germanen, Arminius und die „Schlacht im Teutoburger Wald" bekannt ist, wissen wir ausschließlich aus antiken römischen Schriften, denn schriftliche Quellen der Germanen gibt es nicht. Wo genau die unter Arminius vereint kämpfenden germanischen Stämme den Sieg über die Römer errangen, ist noch immer umstritten. Tacitus nennt den Teutoburger Wald als Ort der Varusschlacht. Dort, wo heute das Hermannsdenkmal steht, fand der Kampf jedoch mit Sicherheit nicht statt: Archäologen konnten keinerlei entsprechende Spuren finden. Stattdessen weisen römische und germanische Funde immer deutlicher auf Kalkriese bei Osnabrück als Ort einer großen Schlacht in der besagten Zeit hin. Ob es sich hier aber tatsächlich um die Varusschlacht handelt, konnte bislang noch nicht endgültig geklärt werden.

Der Mythos der „Hermannsschlacht" ist nicht die einzige, wohl aber die bekannteste Mythenkonstruktion. Die Geschichte des Germanen Arminius (auch „Hermann der Cherusker"), der die Römer in der Schlacht im Teutoburger Wald vernichtend schlägt, wurde zum Vorbild für den Abwehrkampf der Deutschen – als Quasi-Nachfolger der Germanen – gegen fremde Einflüsse stilisiert. „Hermann der Deutsche" nannte Kaiser Wilhelm I. Arminius anlässlich der Einweihung des Denkmals. Die Inschrift auf dem Schwert der Arminius-Figur, „Deutschlands Einigkeit, meine Stärke – Deutschlands Stärke, meine Macht", war das Programm für die nationale Identität und die Selbstbehauptung der Deutschen gegen alle äußeren Feinde. Zur Entstehungszeit des Denkmals war damit natürlich vor allem der „Erbfeind" Frankreich gemeint.

Leitfragen

- **Was sind die wesentlichen Kennzeichen und Merkmale des Mythos um die „Hermannsschlacht"?**
- **Wie verläuft die Entwicklung des Mythos und worin besteht sein spezifischer Beitrag zur Identitätsbildung bzw. -stiftung in Deutschland?**
- **Wie lassen sich Formen und Inhalte des Mythos um „Hermann den Deutschen" dekonstruieren und bewerten?**

Die Hermannsschlacht – Ursprungsmythos der Deutschen

„Das deutsche Troja, unser[en] Urknall" nannte Hans Ottomeyer, der Direktor des Deutschen Historischen Museums in Berlin, den Ort der sogenannten Varusschlacht in einem Interview mit dem „Spiegel" im Mai 2006. Er versuchte damit zu erklären, weshalb die in seinem Museum inszenierte Dauerausstellung zu „2000 Jahren deutscher Vergangenheit" mit eben jener Schlacht im Jahre 9 n. Chr. einsetzt.

Drei Jahre später, im Mai 2009, eröffneten zum Jahrestag dieses kriegerischen Ereignisses gleich drei Ausstellungen, und auch die Bundeskanzlerin war anwesend. Die Frankfurter Allgemeine Zeitung berichtete darüber mit dem Aufmacher: „Merkel würdigt Sieg vor 2000 Jahren". Im ergänzenden Kommentar des Blattes war die Rede von einem „blutige[n] Befreiungskampf, der uns immer noch beeindruckt".

M3 *2000 Jahre* ***Varusschlacht***
Briefmarke, 2009

Zur gleichen Zeit erschien zum Gedenken an „2000 Jahre Varusschlacht" eine Sonderbriefmarke der Deutschen Post, auf der unter anderem das Hermannsdenkmal im Teutoburger Wald abgebildet ist. Der Begleittext feierte einen „germanischen Sieg", der „zur Befreiung des Gebiets zwischen Rhein und Elbe von römischer Herrschaft" geführt habe. Und weiter hieß es: „Damit entging der größte Teil der germanischen Stämme der Romanisierung."

Deutscher „Urknall", „Befreiungskampf", „germanischer Sieg", von der Bundeskanzlerin „gewürdigt", „der Romanisierung entgangen" – all dies vermittelt dem historischen Laien den Eindruck, dass die „Germanen" in jener Zeit etwas für die „deutsche" Geschichte Bedeutendes geleistet haben müssen, wobei sich freilich darüber streiten ließe, ob die entgangene „Romanisierung", also die Abwehr der Errungenschaften römischer Zivilisation, in dieser Reihe wirklich gut aufgehoben ist. Gleichwohl drängt sich die Frage auf: Was ist damals eigentlich geschehen? Und wie konnte sich daraus der Mythos entwickeln, dies wäre der „Urknall" deutscher Geschichte gewesen? Warum entsteht und wie verbreitet sich überhaupt ein Mythos?

Das historische Ereignis

Im Herbst des Jahres 9 n. Chr. geriet der römische Heerführer und Legat des Kaisers Augustus in Germanien, Publius Quinctilius Varus, östlich des Rheins mit drei Legionen und einem riesigen Begleittross in einen fatalen Hinterhalt. In mehrtägigen Kämpfen wurde das gesamte Heer vernichtet, alles in allem starben mehr als 18000 Menschen. Dies war eine der schwersten Niederlagen des Römischen Reiches. Vielfach zitiert ist die Reaktion des Kaisers Augustus: „Quinctilius Varus, gib mir die Legionen wieder!", soll er immer wieder gerufen und dabei den Kopf gegen die Türen seines Zimmers gerammt haben.

Das Grauen, das mit dem Ereignis verbunden war, spiegelt sich noch in den rund hundert Jahre danach entstandenen Annalen des römischen Historikers Publius Cornelius Tacitus, wenn er schildert, wie römische Truppen unter dem neuen Oberbefehlshaber Germanicus einige Jahre später das Schlachtfeld vorfanden: „Mitten auf dem Feld bleichende Knochen, zerstreut oder in Haufen, je nachdem, ob die Soldaten die Flucht ergriffen oder Widerstand geleistet hatten. Daneben lagen zerbrochene Waffen und Pferdegerippe, zugleich sah man an den Baumstümpfen angenagelte Menschenschädel. In den benachbarten Hainen standen die Altäre der Barbaren, an denen sie die Tribunen und die Zenturionen ersten Ranges geschlachtet hatten."

Die siegreichen Gegner des römischen Heeres sind nicht leicht zu benennen: Es handelte sich wohl um ein eher loses Zweckbündnis von östlich des Rheins siedelnden Stämmen oder Stammesgruppen, dem vermutlich Cherusker, Brukterer, Marser, Angrivarier und Chatten angehörten. Ihr Anführer war der Cherusker Arminius, der mutmaßlich vorher in römischen Diensten gestanden hatte. Als „Germanen" bezeichneten sich diese Gruppen nicht. Die um Arminius verbündeten Stämme führten überhaupt keinen gemeinsamen Namen, was wiederum nahelegt, dass sie auch kein Bewusstsein einer gemeinsamen Identität ausgebildet hatten.

Diese Beobachtung lässt sich noch weiter verallgemeinern: Ein Volk, das sich selbst als „Germanen“ bezeichnete, hat es nie gegeben. Diesen vereinheitlichenden Begriff hatte wenige Jahrzehnte zuvor Gaius Julius Caesar über die vielen Stämme, Teilstämme und Gruppen jenseits des Rheins gestülpt, als er Gallien erobert hatte. Nicht zuletzt, um die Ostgrenze seiner neuen Eroberung zu begründen, konstruierte Caesar in seiner Schrift „De bello Gallico“ dort ein neues Volk: die Germanen. Im Unterschied zu den Kelten hätten sie keine Druiden, kümmerten sich nicht um die Landwirtschaft und lebten nur für den Krieg, schrieb er. Damit war der Germanenname als Ordnungsbegriff in die Welt gesetzt. Während der römischen Kaiserzeit wurde die neue Bezeichnung gerne und vielfach verwendet, ersparte sie doch die genaue Kenntnis und das Aufzählen der vielen dort siedelnden und umherziehenden Kleinstämme.

Die Befunde der Archäologie und der Namensforschung belegen aber, dass erstens der Rhein in dieser Zeit keineswegs zwei in Charakter, Lebensweise und Kultur unterschiedliche Völker trennte, und dass zweitens die östlich des Rheins siedelnden Stämme nicht als Einheit betrachtet werden können. Erst als bald nach Augustus die römische Herrschaft für Jahrhunderte am Rhein zum Stehen gekommen und der Limes errichtet worden war, begannen entlang dieser Linie die politischen, kulturellen und materiellen Entwicklungen mehr und mehr auseinanderzutreten. Die Wirklichkeit näherte sich so dem ursprünglich nur konstruierten Germanenbegriff allmählich an. Für Arminius und seine Verbündeten galt jedoch ohne Zweifel, dass sie lediglich die kurzfristige Gegnerschaft gegen Rom verband. Selbst die Motive für diese Frontstellung könnten unterschiedlich gewesen sein: Abschütteln lästiger Steuerpflichten, Freiheit von Besatzung, aber auch Hoffnung auf attraktive Beute bei einem zivilisatorisch weit überlegenen Gegner mögen eine Rolle gespielt haben. All dies lässt sich nur vermuten, denn wir haben keine schriftlichen Quellen, die darüber Aufschluss geben würden. Fest steht jedoch, dass ein Teil der cheruskischen Führung sich dem von Arminius angeführten Widerstand verweigerte und stattdessen auf die einträgliche Kooperation mit der Weltmacht Rom setzte. Selbst im direkten Umfeld von Arminius gab es also keine gemeinsame Frontstellung gegen Rom. Umstrit-

M4 ***Archäologen analysieren die Knochen eines Maultieres***
Kalkriese, um 2000

M 5 Museum und Park Kalkriese
Blick auf das Museum mit dem 40 m hohen Aussichtsturm, 2007

ten ist zudem, wie das Handeln des Arminius zu bewerten ist: War er während des Aufstandes ein cheruskischer Stammesführer? Oder war er immer noch in römischen Diensten und damit nichts anderes als ein meuternder Offizier?

Der genaue Ort der Auseinandersetzung ist bis heute nicht sicher zu lokalisieren; mehr als 700 Theorien sind dazu schon aufgestellt worden. Tacitus spricht in seinen Annalen vom „saltus Teutoburgiensis", der nicht weit von den Oberläufen der Ems und der Lippe entfernt sei. Im 16. Jahrhundert hat man deswegen den dort gelegenen Gebirgszug Osning in „Teutoburger Wald" umbenannt. Seit 1987 werden in der Nähe des Örtchens Kalkriese Spuren einer Schlacht ergraben, die möglicherweise mit der Niederlage des Varus in Verbindung stehen.

Die Varusniederlage war für das Römische Reich sehr schmerzlich, sie war aber keinesfalls ein militärischer oder gar politischer Einschnitt. Rom antwortete mit groß angelegten Vergeltungsfeldzügen, die sich bis ins Jahr 16 n. Chr. hinzogen. In diesen Auseinandersetzungen konnte sich Arminius mit seinen Verbündeten offenbar behaupten, allerdings fiel seine schwangere Gattin Thusnelda in die Hände des römischen Befehlshabers Germanicus. Sie wurde, zusammen mit ihrem kleinen Sohn Thumelicus und anderen Gefangenen, 17 n. Chr. auf einem Triumphzug der neugierigen Bevölkerung Roms präsentiert. Im gleichen Jahr berief Kaiser Tiberius den ungestümen Germanicus nach Rom zurück. Nur wenige Jahre später, 21 n. Chr., wurde Arminius von Verwandten ermordet, die sein Machtstreben ablehnten. Er hatte die Konflikte innerhalb der Cherusker und zwischen den einzelnen Stämmen nicht dauerhaft ausgleichen können; eine Großmachtbildung war in jener Zeit östlich des Rheins nicht möglich.

M 6 Caeliusstein
Grabstein für den Zenturio Marcus Caelius, der in der Varusschlacht gefallen ist, Fundort: bei Xanten (im heutigen Nordrhein-Westfalen)

Dass Rom auf eine Eroberung der Gebiete östlich des Rheins und nördlich der Donau dauerhaft verzichten würde, war nach der Varusniederlage nicht erkennbar. Im Gegenteil: Die römische Öffentlichkeit erwartete eine endgültige Niederwerfung dieser Region, und immer wieder starteten Kaiser wie Caligula, Claudius, Vespasian und Domitian Offensiven. Erst um die erste nachchristliche Jahrhundertwende zeichnete sich allmählich ab, dass Rom dieses Gebiet nicht dauerhaft würde besetzen können. Zu dieser Zeit schrieb Tacitus seine Annalen, in denen er den siegreichen Arminius im Rückblick und im Wissen um die weitere Entwicklung „den Befreier Germaniens" nannte.

Deutungen

Vergleicht man nun das, was wir über die Varusschlacht sicher wissen, mit der eingangs vorgestellten Erinnerung und Deutung, fallen erhebliche Unterschiede auf. Wie ist das zu erklären?
Im Mittelalter ging die Erinnerung an Arminius fast vollständig verloren. Erst im 15. und 16. Jahrhundert, im Zeitalter des Humanismus und der Reformation, wurden die Germanen, Arminius und die Varusschlacht wiederentdeckt und die Erinnerung an sie entscheidend geprägt. In dieser Zeit vollzog sich eine Entwicklung, die Historiker als „Nationalisierung Europas" bezeichnen. Insbesondere Gelehrte und Intellektuelle suchten nach Argumenten, um das Wesen und die Bedeutung der eigenen Nation zu untermauern und sie von anderen Nationen abgrenzen zu können.
In deutschen Humanistenkreisen erhielt dieses Bemühen einen gewaltigen Schub, als Mitte des 15. Jahrhunderts im Kloster Hersfeld eine Schrift wiederentdeckt wurde, die eineinhalb Jahrtausende fast vollständig vergessen gewesen war: Die vom römischen Historiker Publius Cornelius Tacitus 98 n. Chr. verfasste Abhandlung „De

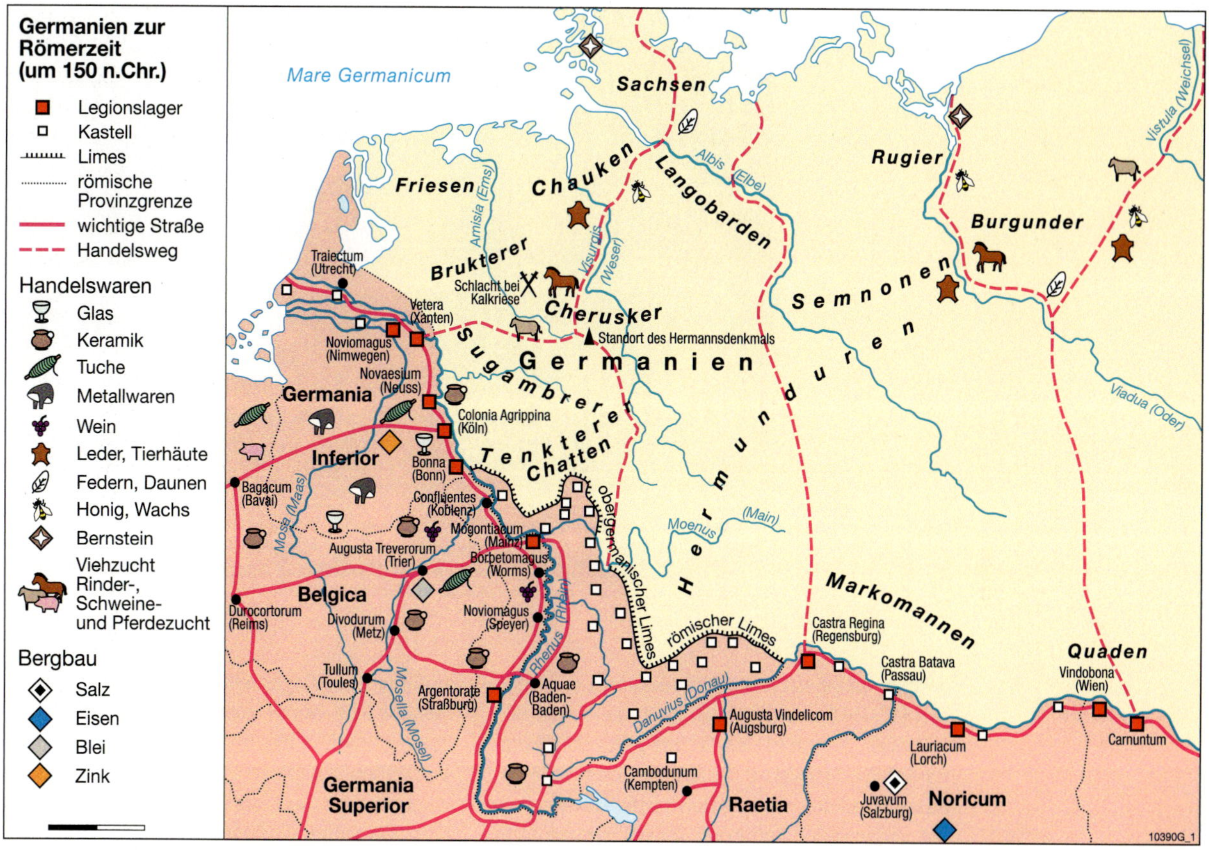

M7

origine et situ Germanorum“, also „Über den Ursprung und die Lage der Germanen“. Tacitus hatte mit dieser Schrift über die Völkerschaften nördlich der Alpen eigentlich ein innenpolitisches Ziel verfolgt: Er wollte der aus seiner Sicht dekadenten und genusssüchtigen römischen Gesellschaft einen warnenden Spiegel vorhalten. Deswegen porträtierte er die Germanen, die Gegner Roms, mit jenen Eigenschaften, die Rom einmal groß gemacht hatten: urtümliche Kraft, innere Stärke, Freiheitsstreben, Einfachheit, Ehre, Treue, Mut, Wehrhaftigkeit.

Das Wissen um Tacitus' „Germania“ verbreitete sich rasch, die Motive, weshalb er sie verfasst hatte, interessierten dabei nicht. Wichtig war, dass sich ein hochgeschätzter römischer Autor positiv zu den Germanen geäußert hatte und man diese nun zu Vorfahren der in derselben Weltregion lebenden Deutschen machen konnte. Ab 1470 erschienen zahlreiche Drucke der Schrift. Deutsche Humanisten wie Konrad Celtis, Konrad Wimpfeling und Johannes Aventinus bezogen sich auf Tacitus, um endlich die glorreiche Vergangenheit der Deutschen und ihren unverwechselbaren Nationalcharakter beweisen zu können. Besonders wichtig war ihnen Tacitus' Feststellung, die Germanen seien „durch Zuwanderung und Aufnahme fremder Stämme gar nicht vermischt“ und dadurch ein „eigengeprägter, reiner und nur sich selbst gleicher Menschenschlag“. Der Humanist Heinrich Bebel aus Tübingen steigerte das „Unvermischte“ und „Unbesiegte“ zu einem einzigartigen Kennzeichen der Deutschen in der Welt.

Der Frankfurter Historiker Ulrich Muhlack hat vor diesem Hintergrund 1989 treffend formuliert: „Wenn es die ‚Germania‘ nicht gegeben hätte, hätte man sie gleichsam erfinden müssen.“ Sie bildete die entscheidende Grundlage, um unter Rückgriff auf die Germanen eine triumphale nationale Identität der Deutschen zu konstruieren. Dieser Prozess der Erfindung einer nationalen Geschichte ist keine deutsche Spezialität, sondern ein typisches Element des Nationalismus; der britische Historiker Eric Hobsbawm prägte dafür den Begriff der „invention of tradition“.

M 8 ***„Germanicus bestattet die unter Varus Gefallenen."***
Kupferstich von Matthäus Merian d. Ä., 1630

Wenige Jahre nach der Entdeckung der „Germania", 1515, wurden auch noch die schon erwähnten „Annalen" des Tacitus gefunden, kurz darauf die Römische Geschichte des Velleius Paterculus. Beide erwähnen auch den bis dahin vergessenen Arminius. Dieser eignete sich nun geradezu perfekt, um die vielen von Tacitus beschriebenen positiven Eigenschaften der Germanen, insbesondere die Freiheitsliebe, zu verkörpern. Der Reformator Ulrich von Hutten verfasste um 1520 seinen Arminius-Dialog, in dem er den Cherusker mit den großen Feldherrn der Antike (Alexander, Scipio, Hannibal) auf eine Stufe stellte. Mit Arminius' Sieg über Varus traten für Hutten die Deutschen in die Geschichte ein. Die Reformatoren setzten den Widerstand von Arminius gegen das Römische Reich in eine Traditionslinie mit Martin Luthers Kampf gegen die römische Kirche. Luther selbst notierte dann auch über den Cherusker: „Ich hab in von hertzen lib." Gleichzeitig vollzog sich im Umfeld Luthers die Eindeutschung von „Arminius" zu „Hermann" (gedacht als Heer-Mann), die sich sehr rasch durchsetzte.

Zusammenfassung

Die Erzählung vom Sieg der einigen und freiheitsliebenden Germanen unter Führung Hermanns des Deutschen über das römische Weltreich wurde zu einem Sinnbild für die Anfänge und die Grundlagen eines politischen Gemeinwesens, sie wurde zum Gründungs- oder Ursprungsmythos der deutschen Nation. Mythen verdichten komplexe Ereignisse und Prozesse zu einfachen und breitenwirksamen Formeln. Deshalb sollte die Geschichte der „Hermannsschlacht" auch nicht erklären, wie und warum die deutsche Nation entstanden war. Sie lieferte vielmehr ein „emotionales Fundament" (Hagen Schulze/Etienne François), ein Symbol, um jedem Deutschen die Stärke und die Gemeinschaft, die Einmaligkeit und die Geschichtsträchtigkeit seiner Nation spüren zu lassen. In jeder Epoche wurden dabei andere Akzente gesetzt, einmal betonte man insbesondere den Freiheitsdrang, ein andermal die Notwendigkeit, einig zu handeln. Einmal stand der Führer Arminius/Hermann im Zentrum, ein andermal die starke Gemeinschaft der Germanen. Aufgabe der Historikerin oder des Historikers ist es, jeweils zu entschlüsseln, welche Aspekte des Mythos aus welchen Gründen besonders herausgestellt wurden und wie diese vermittelt werden sollten.

Mythen benötigen aber nicht unbedingt einen nationalen Bezugsrahmen – das zeigt beispielsweise der weltweite und bis heute lebendige Mythos um den südamerikanischen Revolutionär und Guerillaführer Ernesto „Che" Guevara (1928–1967), dessen Porträt als Ikone eines „revolutionären Geistes" auf zahllosen Postern, T-Shirts, Stickern und Fahnen prangt.

Materialteil: Rezeption im 16. Jahrhundert

M 9 Arminius/Hermann – Ein Dialog

Die nachfolgende Szene aus dem „Arminius-Dialog“ des Humanisten und Reformators Ulrich von Hutten (1488–1523) spielt in einem himmlischen Gerichtssaal. Der Vorsitzende, der kretische König Minos, hat ein Urteil verkündet, wer die besten Feldherren aller Zeiten gewesen seien. Die erste Wahl fiel auf Alexander den Großen, dann folgten der Römer Scipio und als dritter Hannibal von Karthago. Doch es gibt einen Einspruch durch den Germanen Arminius. Er beschwert sich, dass man ihn bei der Urteilsfindung nicht berücksichtigt habe. Als noch Tacitus hinzukommt und Arminius kräftig lobt, fordert Minos ihn auf, seine Argumente vorzutragen:

Arminius: Ihr alle kennt den Ruhm des Tacitus, der in guter Kenntnis meiner Taten so über mich geschrieben hat, dass ich eigentlich schweigen könnte. Er nennt mich den „Befreier Deutschlands“, da ich den Römern mit Waffengewalt eine Provinz entrissen hatte und diejenigen, welche die Römer in Knechtschaft halten wollten, in die Freiheit führte. Er betont auch, dass ich das Römische Reich angriff, als es am stärksten und auf der Höhe seiner Macht war. Doch ich möchte nicht den Ruf der anderen Feldherren schmälern, mir ist es immer um die Tugend und weniger um Ruhm gegangen. Aber ich halte es für billig, dass auch ich vor der Geschichte berücksichtigt werde.

Minos: Die hier anwesenden Feldherren werden dich anhören, ich gelobe es, statt ihrer.

Arminius: Auch ich habe, wie du, Hannibal, schon in jugendlichem Alter große Taten auf mich genommen. Ich beschloss, Führer eines Heeres zu sein, das noch nicht einmal bestand und von dem es zweifelhaft war, ob es wegen der weiträumigen Zerstreuung der Stämme und des schwersten Mangels an Mitteln und Menschen überhaupt Bestand haben würde. Ohne jede Unterstützung habe ich einen äußerst gefährlichen Krieg verfolgt, der bereits von allen, vor allem meiner Familie, aufgegeben war. Durch meinen Sieg habe ich das im Innersten niedergetretene und zerrissene Deutschland in kurzer Zeit wiederhergestellt. Als du vor Rom standst, Hannibal, hast du nicht bewirkt, dass die Römer mit Angst und Verwirrung reagierten. Ich habe dem römischen Staat ein solches Maß an Verzweiflung zugefügt, dass selbst Kaiser Augustus mit dem Kopf gegen die Tür stieß und an den Toren Posten und auswärts Schutztruppen aufstellen ließ. Danach habe ich zu Hause Aufstände unterdrückt und die nicht als Deutsche gelten lassen, die den Römern Tribute zahlten und in knechtischer Abhängigkeit blieben. Um die Niederlage des Varus zu rächen, schickten die Römer Tiberius und seinen Bruder Drusus. Sie haben sich mit mir vergeblich im Kampf gemessen. Damals habe ich auch dem Germanicus, einem kraftvollen und mutigen Feldherrn, und seinem kriegserfahrenen Legaten Caecinna, mit schweren und für das römische Volk verlustreichen Niederlagen getrotzt und sie zurückgetrieben. Ich bewirkte, dass Deutschland, während die Freiheit von Tag zu Tag um sich griff, abgabenfrei und selbstständig wurde. Auch als mein Bruder und meine Verwandten zu den Römern abfielen und auf Verrat sannen, als mein Schwiegervater Segestes zu den Römern überlief und meine schwangere Frau auslieferte, wurde ich nicht schwankend, sondern beharrte standhaft auf dem begonnen Vorhaben; mir galt nichts mehr als die heilige Pflicht gegenüber dem Vaterland und die althergebrachte Würde Deutschlands. [...].

So geschah es in kurzer Zeit, dass ich die Römer ganz aus Deutschland hinauswarf. Ich habe Deutschland in sich verbunden und geeinigt. [...]. So ist es nun deine Aufgabe, Minos, zu erwägen, wen du mir vorziehen willst. Wer von allen, die über diese lobenswerten Taten herausragten, mag es sein, dem du mit vollstem Recht die erste Stelle zuerkennst?

Minos: Wahrlich, er hat eine hochherzige, nicht nur eines vorzüglichen Feldherrn, sondern auch eines ehrenvollen Mannes würdige Rede gehalten. Kein Zweifel, dass ich, wenn er mit Euch, Alexander, seinerzeit um die erste Stelle gestritten hätte, ihm aus freien Stücken die erste Palme zugesprochen hätte; nun aber, da es das göttliche Recht verhindert, den einmal gegebenen Spruch umzustoßen, gefällt es mir, dir unter den Vaterlandsbefreiern die erste Stelle einzuräumen.

Dem Merkur aber gebe ich den Auftrag, auf Markt, Straßen, Plätzen, Wegkreuzungen und überall zu verkünden, dass Armin der Cherusker der freieste, unbesiegteste und deutscheste Mann ist.

Der göttliche Gerichtshof hat sein Urteil gefällt und Arminius den ersten Rang unter den Vaterlandsbefreiern gegeben.

Ulrich von Hutten: „Arminius/Hermann, ein Dialog“, gekürzte und überarbeitete Fassung nach: Klaus Kösters, Mythos Arminius. Die Varusschlacht und ihre Folgen, Münster: Aschendorff 2009, S. 58 f.

Materialteil: Rezeption zu Beginn des 19. Jahrhunderts

M 10 *„Hermann befreit Germania"*
Die Darstellung vergleicht die Auswirkungen der Varusschlacht mit denen der Völkerschlacht bei Leipzig: Wie Arminius 9 n. Chr. Germanien von der römischen Fremdherrschaft befreit hatte, so zwang 1813 der Sieg der miteinander verbündeten Staaten Preußen, Österreich und Russland Napoleon zum Rückzug aus Deutschland, Grafik von Karl Russ, 1818.

M 11 Deutscher Sieg im klassischen Morast

Der Dichter Heinrich Heine (1797–1856) nahm die Errichtung des Hermannsdenkmals zum Anlass, sich über die nationale Schwärmerei für Arminius und die weitverbreitete „Germanentümelei" lustig zu machen:

Das ist der Teutoburger Wald,
Den Tacitus beschrieben,
Das ist der klassische Morast,
Wo Varus stecken geblieben.

Hier schlug ihn der Cheruskerfürst,
Der Hermann, der edle Recke;
Die deutsche Nationalität,
Die siegte in diesem Drecke.

Wenn Hermann nicht die Schlacht gewann,
Mit seinen blonden Horden,
So gäb' es deutsche Freiheit nicht mehr,
Wir wären römisch geworden!

In unserem Vaterland herrschten jetzt
Nur römische Sprache und Sitten,
Vestalen gäb' es in München sogar,
Die Schwaben hießen Quiriten!
[...]

Wir hätten einen Nero jetzt,
Statt Landesväter drei Dutzend.
Wir schnitten uns die Adern auf,
Den Schergen der Knechtschaft trutzend.
[...]
Gottlob! Der Hermann gewann die Schlacht,
Die Römer wurden vertrieben,
Varus mit seinen Legionen erlag,
Und wir sind Deutsche geblieben!

Wir blieben deutsch, wir sprechen deutsch,
Wie wir es gesprochen haben;
Der Esel heißt Esel, nicht asinus,
Die Schwaben blieben Schwaben.
[...]
O Hermann, dir verdanken wir das!
Drum wird dir, wie sich gebühret,
Zu Detmold ein Monument gesetzt;
Hab' selber subskribieret.

Heinrich Heine, Deutschland. Ein Wintermärchen, Hamburg: Hoffmann & Campe 1844, Caput XI/S. 52.

Materialteil: Rezeption im Kaiserreich

M 12 *„Victoria"*

Das Bild stammt aus einem patriotischen Bilderzyklus, den Anton von Werner (1843–1915) nach der Gründung des Kaiserreichs für das Rathaus in Saarbrücken erstellt hat.

M 13 *Thusnelda im Triumphzug des Germanicus*

Auf einem Vergeltungsfeldzug (15/16 n. Chr.) war den Römern Thusnelda, die schwangere Ehefrau des Arminius, in die Hände gefallen. 17 n. Chr. wurde sie zusammen mit ihrem inzwischen geborenen kleinen Sohn Thumelicus und anderen Gefangenen im Triumphzug des Befehlshabers Germanicus den Einwohnern Roms präsentiert, Gemälde von Carl Theodor von Piloty, 1873 (Größe: 485 x 711 cm).

Materialteil: Das Denkmal

M 14 ***Das Hermannsdenkmal im Teutoburger Wald***

Ab 1838 wurde nach den Plänen Ernst von Bandels bei Detmold das Hermannsdenkmal erbaut und 1875 eingeweiht, vier Jahre nach dem Deutsch-Französischen Krieg und der Gründung des Deutschen Reiches.

Das Schwert der Statue trägt die Inschrift:

Deutsche Einigkeit, meine Stärke, meine Stärke, Deutschlands Macht.

Auf ihrem Schild steht:

Treufest.

In den Nischen des Denkmals heißt es:

Der lang getrennte Stämme vereint mit starker Hand,
Der welsche Macht und Tücke siegreich überwandt,
Der längst verlorene Söhne heimführt zum Deutschen Reich,
Armin, dem Retter ist er gleich.
Wilhelm, Kaiser, 22. März 1797, König von Preußen, 2. Januar 1861. Erster Kaisertag, Versailles, 18. Januar 1871, Krieg 17. Juli 1870, Frieden 26. Februar 1871.

Am 17. Juli 1870 erklärte Frankreichs Kaiser, Louis Napoleon, Preußen den Krieg, da erstunden alle Volksstämme Deutschlands und züchtigten von August 1870 bis Januar 1871 immer siegreich französischen Übermut unter Führung König Wilhelms von Preußen, den das deutsche Volk am 18. Januar zu seinem Kaiser erkor.

Nur weil deutsches Volk verwelscht und durch Uneinigkeit machtlos geworden, konnte Napoleon Bonaparte, Kaiser der Franzosen, mithilfe Deutscher Deutschland unterjochen; da endlich 1813 scharten sich um das von Preußen erhobene Schwert alle deutschen Stämme, ihrem Vaterland aus Schmach die Freiheit erkämpfend. Leipzig, 18. Oktober 1813 – Paris, 31. März 1814 – Waterloo, 18. Juni 1815 – Paris, 3. Juli 1815.

Arminius liberator haud dubie Germaniae et qui non primordia populi romani, sicut alii reges ducesque, sed florentissimum imperium lacessieret: proeliis ambiguus, bello non victus.
[Tacitus, Annalen, II, 88: Armin, ohne Zweifel Germaniens Befreier, der das römische Volk nicht in seinen Anfängen bedrängt hat wie andere Könige und Heerführer, sondern in der höchsten Blüte seiner Herrschaft: In Schlachten mit schwankendem Erfolge, im Kriege nicht besiegt.]

Materialteil: Rezeption im Kaiserreich

M 15 Die Germanen im Geschichtsunterricht des Deutschen Kaiserreichs

Aus einem Schulbuch des Jahres 1910:

[Die Germanen waren] eine neue, sittlich höher stehende, weil noch unverdorbene Rasse. Sie waren meist hochgewachsene, kräftige Gestalten mit blauen Augen und langen blonden oder roten Haaren, die häufig in einen Schopf auf dem Kopf zusammengebunden wurden; nur den Sklaven schor man die Haare kurz. [...] Die gewöhnliche Arbeit überließen die Männer den Frauen oder Sklaven; der freie Germane liebte Jagd, Krieg und Rechtsstreit, wobei er seinen Scharfsinn und seine Beredsamkeit zeigen konnte. Deshalb ging der Germane auch gerne in die Volksversammlung [...]. Wertvolle Eigenschaften unserer Vorfahren waren: todesmutige Tapferkeit, unbesiegbare Freiheitsliebe, Stolz, ritterliche Gastfreundschaft, unerschütterliche Treue, Achtung und Ehrfurcht vor den Frauen, ein sittenreines Familienleben und strenge Kindererziehung. [...] Die Schlacht im Teutoburger Wald hatte den großen nationalen Erfolg, dass die echt deutschen Stämme zwischen Rhein und Elbe vor der Romanisierung glücklich bewahrt wurden; sie wären sonst wahrscheinlich in die sittliche Entartung des damaligen Römertums hineingezogen worden. Weitere Erfolge der Germanen wurden durch den uralten Erbfehler der Deutschen, worin sie vollständig den Hellenen gleichen, nämlich gegenseitiger Hass und Zwietracht, vereitelt.

Lehrbuch der Geschichte für realistische Mittelschulen, bearbeitet von Karl Lorenz, München: Oldenbourg 1910, S. 99ff., 107.

M 16 *„Gegen Rom"*

Die 1875 zur Einweihung des Hermannsdenkmals in der politisch-satirischen Zeitschrift „Kladderadatsch" veröffentlichte Karikatur setzt Arminius in eine Traditionslinie mit Martin Luther: Beide waren Feinde Roms – der eine besiegte den römischen Kaiser, der andere widersetzte sich dem Papst. Die Zeichnung ist vor dem Hintergrund des 1871 in Deutschland beginnenden Kulturkampfes, der Auseinandersetzung zwischen Staat und katholischer Kirche, zu sehen.

1. ●○○ Fassen Sie den heutigen Kenntnisstand über die Varusschlacht im Jahre 9 n. Chr. zusammen.
→ Text

2. **a)** ●●○ Informieren Sie sich in Ihrer Schulbibliothek bzw. im Internet über Ulrich von Hutten (M9).
b) ●●○ Arbeiten Sie die Argumente heraus, die Arminius gegenüber Minos vorträgt, um seine Position zu untermauern.
c) ●●● Nehmen Sie zum Schiedsspruch des Minos Stellung.
→ M9, Bibliothek oder Internet

3. ●●○ Informieren Sie sich über Heinrich Heine (M11) und charakterisieren Sie seine Sichtweise.
→ M11, Bibliothek oder Internet

4. ●●○ Analysieren Sie das Gemälde von Carl Theodor von Piloty (M13) im Hinblick auf das Verhältnis von Germanen und Römern.
→ M13

5. ●●● Arbeiten Sie das im Schulbuch aus der Kaiserzeit (M15) vorhandene Germanenbild heraus und nehmen Sie dazu Stellung.
→ M15

akg-images GmbH, Berlin: 17.1, 23.1, 25.3, 42.1; AP 28.2; Bildarchiv Pisarek 26.1; Bildarchiv Steffens 40.2. |Alamy Stock Photo, Abingdon/Oxfordshire: Brooks, Michael 21.1; Niday Picture Library 20.1. |Alamy Stock Photo (RMB), Abingdon/Oxfordshire: Hurst 12.2. |bpk-Bildagentur, Berlin: 36.1; Bayerische Staatsgemäldesammlungen - Neue Pinakothek München 45.2; SMB / Katz, Dietmar 24.1. |Bundesministerium der Finanzen/Referat Postwertzeichen, Berlin: Künstler: Serres, Thomas 38.1. |ddp images GmbH, Hamburg: Hecker, David 39.1. |Express Syndication, London: Bill Caldwell/Mirrorpix 34.1. |Germanisches Nationalmuseum, Nürnberg: Inv.Nr. HB 50213 Kaps 1315 44.1. |Haitzinger, Horst, München: 31.1. |Haus der Geschichte der Bundesrepublik Deutschland, Bonn: Starke, Hans-Jürgen 33.1. |iStockphoto.com, Calgary: archives 36.2, 46.1. |laif, Köln: Heeb, Christian 18.2. |LUFF (Rolf Henn), Hennweiler: 29.1. |Picture-Alliance GmbH, Frankfurt a.M.: Abaca/Witt Jacques 4.2; akg 25.1; dpa/Fischer 26.2; dpa/Friso Gentsch 40.1; dpa/Kumm, Wolfgang 4.1; dpa/Wieseler 9.1; Rothermel, Winfried 29.2; Schwarwel 33.2; ZB/ddrbildarchiv.de 28.1; ZB/Endig, Peter 10.1. |Tonn, Dieter, Bovenden-Lenglern: 18.1, 23.2. |toonpool.com, Berlin, Castrop-Rauxel: Lo Graf von Blickensdorf/toonpool.com 15.1. |ullstein bild, Berlin: Archiv Gerstenberg 45.1; H. Schlemmer Titel, 12.1; ullstein bild 25.2; Zapf 6.1.